～支配者たちの統計学～

コンスタンス仮説

CONSTANCE HYPOTHESIS

【表層編】

作・コンスタンス仮説研究協会

~支配者たちの統計学~

コンスタンス仮説 「表層編」

目次

「コンスタンス仮説とは?」……6

分類の算出方法……24

表層とは……26

「コンスタンス仮説という学問の魅力」……28

「将軍」……46

「司祭」……54

「学者」……60

「商人」……66
「役者」……74
「戦士」……80
「政治家」……86
「騎士」……92
「恋人」……98
「幼子」……106
「旅人」……116
「王」……124
あとがき……132
著者紹介……149
筆者代表・坂口烈緒　プロフィール……150

I

コンスタンス仮説

第一部 表層編

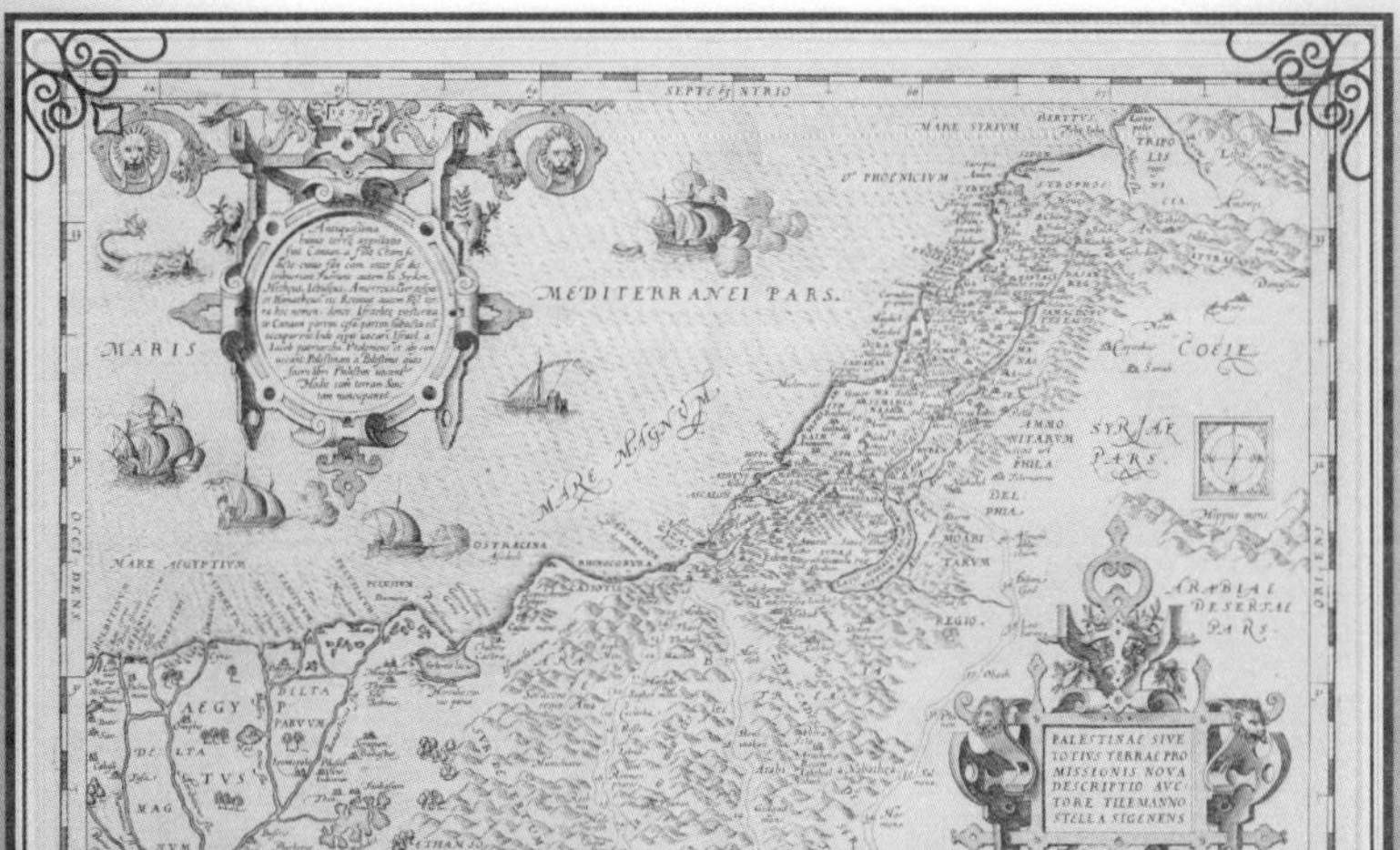

「コンスタンス仮説とは？」

さて、あなたはコンスタンス仮説と言うものを知っているかな？

これは非常に歴史ある統計学で、他に類を見ないような特殊な性質を持っているんだ。同時に、この性質を理解して自分の人生に活かすことで、生き方が一変してしまうこともあるほどの、強烈な人生の指標でもあるんだ。

その効果のほどは、僕自身も感じたし、僕の元でコンスタンス仮説を学んだ人々も、きっとこの本を読み終えるころにはあなたも感じていることだろうと思う。

というわけで、良ければまずはこのコンスタンス仮説の紹介を、この統計学のもつ特異な性質の解説とともに、させてもらおうかな。

コンスタンス仮説の特筆すべき性質は、大きく分けて次の五つになる。

1. 分類の細かさ
2. 進化し続けている「仮説」
3. 成功者のための統計学
4. 過去、現在、未来の要素を持った統計学
5. 今や世界中でコンスタンス仮説を教えているのは、この本だけかも

それじゃあ、一つずつ見ていこう。

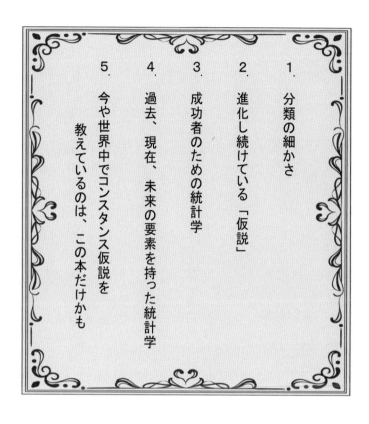

まず一つ目、分類の細かさについてだね。
あなたは他に統計学や占いを知っているかな？

六星占術、四柱推命、数秘術、マヤ暦、色々あるね。それぞれが非常に魅力的な性質を持っている。
ああいったものの中には、占いではなく統計学って呼ばれるものがあるよね？
なぜ、あえて占いではなく統計学と呼ぶのかな？

それは、その性格の分類法が、膨大なデータを元にした統計から出来ているからなんだ。
何月何日に生まれた人はこういう傾向にあるねー・・・という感じでね。

でも、あくまで平均をとったデータってわけだから、当然、当てはまらない部分も出ることもあるけど、その統計学の歴史が深いほど、それまでのあらゆる人のデータをサンプルにして統計が取れるから、精度は高くなるんだ。

例えば、歴史ある統計学があってさ、しかも人を100パターンにまで分類するようなものだったとしよう。すごく細かく分類されているように見えるよね。

だけど、人類が、だいたい60億人いたとして、その統計学では6千万人ずつ同じ性格にしようとするわけだから、そこには当然、同じ分類でも若干の差異が出始める。歴史ある統計学だから、精度が高いとはいえどね。

「あなたは○○って分類になるけど、ちょっと○○らしくないところがあるね」とか「あなたは▲▲っていう控えめ分類なのに、友達の前でだけはまるで◆◆っていう分類みたいに目立ちたがり屋だね」とか、部分的な例外が出てくるのよ。

じゃあ、もし100通りどころかもっと物凄く細かく分類して、誰とも被らないような、あなた一人の存在を分析出来るような統計学があったらどうかな？

それが、コンスタンス仮説。なんと最終的には数万通りに分類することになる。だから、「あなた」が何者なのか、というところにフォーカスできるんだ。

完全に被ってる人がいたら、逆に運命を感じるくらいだよね。

そして、二つ目は、なぜコンスタンス仮説がコンスタンス「説」ではなく、コンスタンス「仮説」と呼ばれているのかな？
それはね、コンスタンス仮説は進化しつづける学問だからなのよ。

コンスタンス仮説の発祥は、紀元０年～４００年くらいのコンスタンティノープルという所なんだ。

で、その地名に由来してコンスタンス仮説になった、と言われてるんだけど、このコンスタンス仮説っていうのはね、実は出来た当時はまだ、ただの星占いだったと言われているのよ。

ただ、時間の経過と共に、そして国々を渡って伝わる中で徐々に変化していってね。干支のある国に行けば、干支を計算式に取り入れて、漢字のある国に行けば、計算式に各数を取り入れ、血液型というものが見つかれば、それを取り入れて、というように、より細かく正確に分類するために常にアレンジされ、進化し続けてきたんだ。
だから「仮説」なんだね。

だから、統計学が好きな人は、あ、コンスタンス仮説のこの部分はこの統計学と似てるなあ！って感じる事もあるんじゃないかな？

四柱推命や数秘術、易経にタロット、きっと国を渡る中で取り込まれていったんだね。

ちなみに、やっぱりそういう性質からか、国によって計算の仕方が若干だけど違っていたみたいなんだ。まあ、流派みたいなものだろうね。実は、動物を見るためのコンスタンス仮説もあるんだよ。その場合は、生年とか、毛の色とか模様を要素としてみるんだけどね。

そして3つ目の特徴、ここからが凄く大事。

コンスタンス仮説は、成功者の為の統計学と呼ばれているんだ。

実際、元々はヨーロッパの支配者階級に愛されていてね。そのまま世界の権力者の間を渡り歩いた知識なんだ。
なぜ、成功者のための統計学と呼ばれ、実際に成功者たちに愛されていたのか。

この統計学で表される各分類は、まず、こんな形になっている。

○○の○○。

例えば、「あなたは「学者の手紙」だね」とか、「あなたは「司祭の愛」だね」と、こんな具合に、二つの単語で表されるんだね。

ちなみに僕は将軍の目なんだけど、この前後に分かれた名称の一つ目の部分、僕でいうなら、将軍の目の「将軍」の部分は、六星占術や血液型診断にすごく近い要素を持っているね。

今のあなたはこんな人で、こんないいところがあって、こんな欠点があって、というような内容を表すんだ。コンスタンス

仮説ではこの、最初の単語で表される表面の部分を「表層」と呼ぶんだ。これだけでも全部で12種類もある。

もっと大事なのはこの後の、「天命」と呼ばれる部分。ここは、9種類あってね、僕でいうなら将軍の目の「目」の部分だ。

ここはその人が持って生まれたけど、出せずにいる才能と、成功のためにすべき生き方を使命、天命として教えてくれる。これさえやれば成功するって部分をね。

例えば僕は将軍の目だって言ってたけど、将軍っていう表層は、自分で望まなくともいつの間にか押し上げられるような天性のリーダーだそうだね。言われてみれば子供のころからなんでも仕切ったり、部活動でも部長をやったり、生徒会長をやったり、音楽をやればバンドのリーダーをやったり、ビジネスにおいても専らリーダーシップをとるような役割をやっていた。けど、特別大きな成功がそれによってもたらされると言うことは無かったんだ。

本当に、大きな成功を納めることはたのは、天命である「目」の生き方をし始めてからだった。

「目」の人が成功するためには、物事の本質を理解しようとしたり、人の心やスピリチュアルなものみたいな、「目に見えないもの」と向き合う必要があるんだよね。

実は僕は本業は心理カウンセラーでね。この職業についてから、他のあらゆる才能やビジネスのチャンスをものにできるようになったんだ。

そう、今言った「目」の性質を考えると、まさにカウンセラーこそ、「目」の天命を生きるのにふさわしい仕事だよね。もちろんコンスタンス仮説を知ったのはカウンセラーになってずいぶん後だったから、納得と同時にびっくりしたよ。

でも、そのおかげで、今は多くの僕よりよっぽど立派な人々に、先生と呼んでもらえて、慕って貰えるんだからね。僕にとっては紛れもない成功だ。

しかもこのほかに14個、合計15個も天命を生きる方法が記されているんだ。それも各天命ごとに15個。天命ごとに全部違う。そして、やっぱり実体験として、この生き方を意識してから僕の成功がさらに大きくなったのは間違いない。

しかも、面白いものでね。
天命を生きる方法は15個がそれぞれ、質問形式になっているんだ。

例えば、「将軍の目」の僕なら、自分に対して毎朝その質問を投げかけて、15個、全てに答えられている時は、将軍の目、になれている。ひとつでもかけていると、ただの将軍になってしまうんだ。

これを指標にしてみると、毎日の目標が極めて明確になるし、漫然と過ごすことも無くなる。毎日がものすごく充実してくる。事実この質問に答えられている時は、自分が自分じゃないかのような力を発揮してきてる。これも実体験だね。

まるで六星占術みたいな自分を知る要素と、マヤ暦みたいに本来の自分の眠った力に目を向ける要素、それぞれを全て兼ね備えてるような統計学なわけだ。すごいよね！

そして、四つ目なんだけど、実はコンスタンス仮説の分類は12種の「表層」と9種の「天命」だけじゃないんだ。

みんなは疑問に思ったこと無いかな？

色んな統計学があるけど全部に言えること。

例えば血液型ならさ、まあ、血液型分類は統計と言うにはちょっと大雑把過ぎちゃうんだけどね。分かりやすいから例にさせてもらうけど。

どちらもA型の両親に育てられたO型の人とさ、どちらもB型の両親に育てられたO型の人の性格がさ、完全に同じになる訳がないと思わない？？

まあ、傾向としては合っていてもね。個人を正確に分類し難い。これは六星占術にもマヤ暦にも言える事だね。

でも、コンスタンス仮説は、親の天命を利用した計算で、「国」と言う要素を割り出す。これによって、自分の表層や天命がどれだけ歪められたか、本来ある才能が失われていたり、同時に本来ないはずの才能が生まれているかが分かるんだ。もちろん仮に親と死別していたり、片親でも、ちゃんとした計算方法がある。

言われてみれば環境が性格に影響するなんて当たり前なのに、今までこれを考慮した統計学は、中々聞いたことがないよね。それを、数千年前からやってきていた可能性もあるんだ。昔の人って凄いね！

しかも、これも12通りもある。

これによってコンスタンス仮説はこんな風になる

「夜の国の政治家の手紙」

○○の○○の○○

って形式だ。面白いね。

でも、まだまだ！
これだけじゃない！

コンスタンス仮説はさらに、「成り」と「造り」っていう分類があるんだ。
最初に言った表層や天命が、性格とか考え方、生き方みたいな抽象的な部分を表すんだけどね。

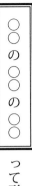

もっと具体的に、どんな物理的能力をもたらしてくれるのかを表すんだ。

例えば表層で「司祭」と言う分類だった人は凄く頭の回転が早いんだけど。頭の回転が速い、とはいっても、それを生かして学業で優秀な成績を収められる人もいれば、人間関係のときだけ妙に鋭く思考が働く人もいるよね。じゃあ、あなたはどんな司祭なのか?それが分かるのがこの「成り」って部分だ。

たとえば、今度は天命で「鎧」っていう分類だった人は、非常に忍耐強いけど同時に行動力が凄い。この性質だってどう出るかはわからない。金銭面では凄く堅実さが生きるのに、恋愛では凄く切り替えが早いかも。あるいは真逆で、散財癖があるけど、一途な人かも。どんな「鎧」なのか。それがわかるのが、「造り」だね。

統計学で出た分類を、さらに分類してしまうような作業だ。これで出てくる結果は、当然ものすごく緻密なものになるよね。

しかも表層から導き出す「成り」は、表層ごとに各4種類の合計48種類。天命から導き出す「造り」は、天命ごとに各5種類の合計45種類もあるんだ。

ちなみに「成り」と「造り」は、心理テストみたいに質問に回答する形式で探っていく。
どの質問にどう回答したかに応じて導き出されるんだ。
ここまでをすべて算出することで、コンスタンス仮説における分類はこんな風に表現される。

「国」	「成り」	「表層」	「造り」	「天命」
夜の国の	クリーンな	政治家の	太陽の	愛

そして僕が理解してほしいコンスタンス仮説の凄さっていうのはここから！

「国」という分類は、生まれてから3歳くらいまでにどんな天命の人に育てられたか、その環境で決められる。いわば過去を分析したものだよね。

そして、「表層」と「天命」は、今この瞬間に紛れもなくあなたに備わっている、いま現在を表現したもの。

「成り」、「造り」は、質問で導き出すって話しをしたよね？

でもそれだと、1年後、2年後、あなたの生き方次第では、考え方が変わってさ、質問に対する答えも変わってくるかも知れないよね。つまり、この「成り」と「造り」が示す才能は、あなたの成長に応じて変化していくというわけだ。
「私は2年前までは「太陽の愛」だったけど、今は色々あって、「海の愛」になってたんだ。私にはこっちの方が生きやすいよ」みたいな感じにね。
つまり、これから先に変化し得る要素。「成り」と「造り」は未来を示すわけだ。

国が過去を
表層と天命が今を
成りと造りが未来を

コンスタンス仮説は人生の全体を見て、それを全て知って、変えていくことすらできる。まさに究極の統計学なんだ。

そして、五つの特徴の、最後のひとつ。

実はこのコンスタンス仮説、残念ながら、王族の衰退や貴族の解体に伴って使われなくなっていたんだ。彼らが頑なに表に出さなかったからだと言われているけど、少なくとも表向きに使われた記録はここ100年近くは残っていないみたいだね。

僕がこれを知れたのも、僕が良く自分の研究やセミナーのために、面白い心理学のネタを探しにコッソリ通ってるドイツのコミュニティがあってね。

そこには心理学者だけじゃなくて、考古学者とか、人文学者とか歴史学者の方もいるんだけどさ、そこにいる人が、たまたまコンスタンス仮説の事を教えてくれたんだ。

ただ、それも最初は非常に断片的な情報で使い物にはならないものでね。

それをきっかけに、方々から情報を集めていったんだ。

やっぱり、国から国を渡り歩いていたというだけあって、情報もバラけていてね。数年かけてようやく、歴史の通りに形を再編して、今の時代に合った言葉に翻訳して、分かりやすい表現にアレンジして、「コンスタンス仮説」と日本語で銘打って、ようやくこうして本に起こせるようになったんだ。

だから、まあ、世界は広いから、言い切れないけど、少なくとも僕や、僕にこれを伝えてくれた学者さんたちの知る限りでは、コンスタンス仮説を教えているのは僕だけ。

つまり、この本を手にしたあなたは、現代を生きる人の中では、本当に数少ない、「コンスタンス仮説に最初に触れた人間たち」かも知れないよね。

なんだかワクワクしてくるね。

自分自身が何者なのか?どんな考えを持てば成功できるのか?何がその邪魔をしているのか?具体的に何をしたら良いのか?

コンスタンス仮説でこれを全て理解できるんだ。

みんなが今幸せなのか、不満なのか僕には分からないよ?
けど、次の二つならどちらがいいか、考えみて?
コンスタンス仮説を知って新たな、真の力を取り戻した自分として、今までとはまったく違う人生を歩むのか？
それとも今までと同じ人生を歩んでいくのか。
考えてみて？
どっちがいいかな？

いつも選ぶのは、あなただ。
もちろん今回もね。

あなたには自分の人生の選択を、自分で選ぶ権利があるんだ。

さて、ここで変わることを選んだあなたには、このまま本書を読み進めてもらおうかな。

この本の中では、コンスタンス仮説の「表層」を学んでもらうことになるね。

分類の算出方法

まずは是非、携帯アプリケーションの「コンスタンス仮説公式アプリ」をダウンロードして、自分の分類を知って欲しい。

アプリ内の、コンスタンス仮説分類計算ページは無料で利用できるよ。
生年月日や血液型を入力するだけでね！

そこで、あなたの表層と天命を算出してから、読み進めてね。

自分国や、成り、造りについて知りたい人は、以下のホームページより個人セッションを申し込んでね。

https://constance-hypothesis.com

コンスタンス仮説のプロたちが、あなたのニーズに応えてくれるよ。

コンスタンス仮説 ホームページ

「表層とは」

表層というのはコンスタンス仮説全体のベースになるような、あなたの表面的な気質、性質を表す部分だ。コンスタンス仮説全体で考えると、よく見かける統計学や占いが扱う内容に似ている部分だね。

あなたが周囲の人から受ける一般的な印象であったり、精神的な若々しさや成熟度、表面に出やすい才能、周囲の人により好印象を持ってもらうためにした方がいいこと、そういう「表に現れる」部分を見ていくのがこの表層だね。

「表層」の性質に「考え過ぎるところがある」というような項目があって、反対に「天命」の課題には「考える前に行動を起こさなければならない」とあった場合には、「表層」のその項目は、乗り越えるべき課題になるんだ。もちろん逆に、表層と天命がピッタリという人もいるけどね。

簡単に言えば、性格を見直すと思ってもらったら良いから、コンスタンス仮説の分類では、もっとも基礎的。だけど同時に、自分の課題を理解するのに欠かせない要素でもあるから、もっとも重要でもあるとも言える。そんなパートだね。

【12の表層】

「コンスタンス仮説という学問の魅力」

では、早速、表層を学んでいく前に、みんなにもっと楽しんでもらう為にコンスタンス仮説研究協会の優秀な研究者やセラピストたちから、このコンスタンス仮説がいかに魅力に溢れた学問であるかを聞いてみよう。

私たちは、生まれる前、無限の可能性の中から、今世はこのような生き方を体験したいと決めて生まれてきていると聞いたことがあるだろうか？

きっと、あんなことも体験したい、こんなことも体験したいと自分が自分のために決めた自分の魂を開花させる最高の設計図を携え、人生の旅路に出発したのだろう。

現在、コンスタンス仮説は、約2万6千通りに分類されているが、仮説というようにその数は進化し続け、分類は今後も無限大と言えるだろう。

何故なら、コンスタンス仮説には、誕生日などの生まれ持った幾つかの条件で決まる表層、天命以外にも、実は、自分の未来を創造していける分類もあるからだ。

それぞれの表層、天命ごとに、その表層、天命の幅広い魅力や可能性を引き出す分類を導き出すのは、人間の無意識を知り尽くした世界的心理学者、カウンセラーセラピストであり、日本にコンスタンス仮説を公開した坂口烈緒氏の専門的知識と創造力で構成された質問からである。

冒頭コンスタンス仮説は約2万6千通りに人を分類できると書いた。その数だけでも世界に類を見ない統計学であることに驚くが、表層、天命ごとの質問で、さらに自分の直感で自分の望みを知ることにより、今は、またはここ数年間は、自分の決めてきた表層、天命の人生で今まで体験したことがない体験をしたり、可能性に気づくチャンスになるかもしれない。

そのような刺激的な毎日を過ごした後、改めて質問に答える自分は、次の数年間、どんな設計図を携え、ワクワクする人生を歩むのだろうか？

コンスタンス仮説とは、生まれる前に携えてきた自らの設計図を知り、いつでも、誰でも、自分の望む成功者になれる具体的なパスワードに出会い、設計図を自分の想像以上に実現する、成功者になるための統計学である。

風の時代と言われる今、二千年の時を経て、坂口烈緒氏の口から語られるコンスタンス仮説に散りばめられた深い愛の言葉の数々は、コンスタンス仮説の最大の魅力であり、私たちが愛してやまない至宝である。

コンスタンス仮説研究協会　杉山 智子

薬剤師の私がなぜ統計学を学んでいるのでしょうか？

これまで、私は、心や身体に対する、惑星が及ぼす影響を読み解くため、四柱推命、インド占星術などを学んできました。

長い間、厚い秘密のベールに包まれ、一般社会の人たちがその恩恵にあずかることは決してありませんでした。それは、コンスタンス仮説は、特別な人たちだけが扱うことのできる統計学だったからです。

一般的に「占い」と言うと、ぱっと、血液型占いや星座占いが思い浮かぶと思います。

テレビや雑誌、インターネットなどで、今日の占い、今月の占いなどが紹介されますよね。

血液型占いのタイプ分類は４通り、星座占いは12通りです。

世界総人口は２０２１年に約77億人に達したとＷＨＯが報告していますが、77億人を12タイプで分けるというのは、かなりざっくりした感じがしませんか？

もちろん、タイプ別の傾向は、とても参考になるものです。

しかし、広大な領地、民衆を管理し、目的に向かって、まっしぐらに全力を尽くす権力者たちには、自身が持つ特性を最大限に活かすために、ピンポイントで目的に活用できる、実践的な統計学が必要だったと思うのです。

コンスタンス仮説は、星座占い、四柱推命、血液型占いなど、あらゆるタイプの統計学を取り入れながら、様々な国に伝えられ、その国ならではの要素を加えて進化してきました。

今もなお、進化し続けるとても珍しい統計学であり、「仮説」という名前が付けられています。コンスタンス仮説は、通常の統計学と異なり、自身の生年月日だけでなく、血液型の要素を組み込んで、タイプを割り出します。また、目的に向かうときに足かせとなる両親の影響を見るために、両親の生年月日を用いて、更に深く分析することもできます。

統計学は、有名なものだけでも50種類以上あると言われています。

占い師が独自に改良したものを含めると、その数は、数えきれないでしょう。その中で、コンスタンス仮説のように、約2万6千通りに明確に分類された統計学が、果たしてあるでしょうか？

例えば、インド占星術は、生まれたときの9つの惑星の配置から、心や身体に対する惑星の影響を読み解くものです。

惑星の配置の違いによる組み合わせは、かなりの数の組み合わせがあると思いますが、その読み解きには熟練が必要であり、最低10年掛かると言われます。そして、私が例え10年勉強したとしても、インド占星術だけの知識では、読み解きには限界があるでしょう。

一方、コンスタンス仮説のタイプごとの本質は、世界トップレベルの心理カウンセラーであり、心理学の専門家でもある坂口烈緒先生が、その鋭い洞察力で古い文献を読み解き、現代に再編集したものです。

坂口烈緒先生は、心理学だけでなく、脳科学、量子物理学など、あらゆる分野の専門家であり、また、音楽活動をされている現役アーティストでもあります。

タイプごとの本質を、あらゆる側面から分析し、本質を深く掘り下げられました。
そして、一つのアートとして、その統計学を受け取る人の「宝」となるようにまとめたもの、それがコンスタンス仮説です。

コンスタンス仮説には、成功するためのマニュアルとも言える情報が明確に示されています。
また、タイプ別に、なりやすい病気、開運に適した方角、場所、食べ物などもわかります。
コンスタンス仮説を学べば学ぶほど、自分自身のことが深く理解できるようになり、まさに自分自身の「取り扱い説明書」とも言える統計学です。

そして、自分と関わる人たちへの理解が深まるので、円滑なコミュニケーションが期待できます。そして、インド占星術より簡単に、そして正確に、心と身体に対する影響を理解することが出来ます。これが、私がコンスタンス仮説を学ぶ理由の一つです。

コンスタンス仮説を学ぶことは、まるで、アラジンの魔法のランプを手に入れたのと同じです。

具体的な解決方法まで、全て提示してくれる統計学。毎日、その方法を意識して行動するだけで、人生が好転し、望む成功を手に入れることが出来るのです。

あなたも、そんな魔法を手にしてみませんか？

コンスタンス仮説研究協会　若林 三都子

特徴的な魅力がたくさんあるのがコンスタンス仮説。

私は初めて聞いた時、表層と天命のネーミングに面白さを感じた。

そして、まず、なんと言っても分類の多さに驚く人が多いだろう。

約2万6千にも分類されたその数。皆さんはそんな統計学を聞いたことがありますか？

例えば双子の人が話していた。

生年月日が同じなので生まれ持った特性は同じとされるのが多い中、このコンスタンス仮説では、違う。嬉しいと。

今、どんな特性なのか？質問形式でその時の特性を振り出せるので、その時の答えでそれぞれの特性が少しずつ変わってくる。

また、数年後にその質問を行うことで、また、その時の特性が変わってくる。

そんな統計学を聞いたことがありますか？

とにかく細かく細かく分類されるから、【あなたは何者なのか？】が分かってしまう。そして、自分自身を知ることで人生の歩み方がわかり、成功につながる。

まるで、宝の地図を手にしたようなもの。
そして、両親からの影響までもが分かってしまうのには驚きだ。

しかも、これが面白いほど凄く当たっている。両親からの影響である、国を知るだけで今まで
どうしてうまくいかなかったか？ 自分のどこに滞りがあるのか？ 自分の中にあったブロックの
原因が分かる。そして、なーんだ、両親からの影響だったんだ。とみんなが安堵する。

インナーチャイルドが癒されるよう。そんな統計学。

そして、もう一つ、現在の貴族までもが使う、成功者の実際に使う統計学というところ。

ここが最大の魅力ではないだろうか？
現在の貴族が実際に使っているコンスタンス仮説が日本初公開です。

コンスタンス仮説研究協会　山川 有紀子

世の中に様々な統計学がある中で、これほど的確に自分自身をとらえ、自分自身を導いてくれる統計学に出会ったことはなかった。

初めてコンスタンス仮説と出会ったのは、世界的心理学者であり、世界最高峰のカウンセラーセラピストである坂口烈緒氏の講座を受講する中だった。
氏はカウンセリングを行う際、ありとあらゆる世界トップクラスの専門的な学問を用いているが、そのツールのひとつとしてこのコンスタンス仮説も活用する。

なぜか。
それはそれほどこのコンスタンス仮説が人間の本質をとらえているからだ。

講座の中で、表層から学び始めた。
自分自身の表層を知ったとき、自分の人生の上手くいく法則が見えた。
そして、それを意識して活用した。
活用する中で、不思議と上手くいくことが続いた。
仕事の中で楽しめる時間が増えた。
人間関係があきらかに良くなった。

表層を知っただけで、こんなに変わるものなのかと感じた。

自分自身の天命を知ったとき、思ってもいないことが自分の人生を輝かせることに繋がることを知った。

それは、自分が避けてきたことでもあった。

苦手なことでもあった。

だからこそ、自分が成功できる可能性に気づくことができた。

苦手なことを意識して行動に移してみると、上手くできていなくても周りに助けられながら前に進むことができた。

前に進むと見える景色が変わった。

明らかに自分の人生が変わってきた。

【表層】【天命】以外に親からの影響力である【国】

表層のより細かい分類の【成り】

天命のより細かい分類の【造り】という要素まである。

約2万6千種類の細分化された種類訳は、より「本来自分は何者になるべきか」を明確化するものだ。

コンスタンス仮説はあくまで「仮説」であり、常に進化し続ける学問である。世界的心理学者であり、世界最高峰のカウンセラーセラピストである坂口烈緒氏と共に進化し続けている。
今出会ったあなたも、年月を経た時にまたさらに驚くほど進化したコンスタンス仮説によって、より自分自身の成功を思ってもいないスピードで引き寄せることになるだろう。

コンスタンス仮説研究協会　山下　大地

コンスタンス仮説の魅力といえば、
紀元前から４００年もの間に体系化され、コンスタンティノープル（現在のイスタンブール）で王公貴族のみが使うことのできた『成功者の為の統計学』
そして、今なお、『仮説』として進化し続けている統計学だというところである。
こんな統計学がいままでにあっただろうか
時代と共にこのコンスタンス仮説も闇に葬りさられようとしていたところ、世界的な心理学者であられる坂口烈緒氏の幅広いコミュニティーから見出だされ、現在の私たちに発表してくださったとんでもない統計学なのである。

成功者となるためには、やはり秘策があったということがこのことからもわかるのではないだろうか。

ひと昔前なら絶対に見ることも知ることもできなかったこの『コンスタンス仮説』という統計学。

なんといっても大きく5つに分類された【表層】【天命】【国】【成】【造】。

細分化された分析が全部で約2万6千通りもあるのである。

そしてまだまだこれからも進化し続ける統計学なのである。

知れば知るほど自分の深い心理を知ることができ、時には辛くなることもあるかもしれないが、そこを克服することが私たちのこの世の中に生まれ落ちた『使命』なのかもかもしれないと思ったりする。

坂口烈緒氏の功績により、いま、私たちに初披露となる類をみない統計学であることは間違いない。

コンスタンス仮説研究協会　ウエズミ　ケイコ

巷に数知れぬほど統計学がありますが、約2万6千通りにも細分化され個々の特質を言い表している統計学はないのではないでしょうか？

『表層』の部分では才能や特性を知り、『天命』の部分では成功の鍵を知り、さらに『天命』を開花させて成功へと導く20の質問。

この3つを知ることで、自分自身の生き方にも自信が持て、成功に近づけるという可能性が広がります。

そして、『天命』を開花する20の質問を意識して生きるほどに自分自身の進化を感じ、成功に向かっている喜びが増していきます。

また成功を妨げている、気をつけるべきポイントまでも明確に示されているのです。

正に成功者を作る為の統計学と言えます！

興味深いのは、親からの影響まで分かってしまうこと。親からのどんな影響が成功を妨げていたのか？また、どんな影響が成功を後押ししてくれるのか？

そういう無意識に潜む深い影響まで解き明かす統計学は他には類を見ない、唯一無二の統計学と言えるでしょう。

コンスタンス仮説は自分自身がどの様に成功していったら良いのかを解き明かす羅針盤として多くの人に愛されています。

コンスタンス仮説研究協会　木村 由香子

コンスタンス仮説でいう【表層】とは、私たちが普段行動に出やすい部分といわれる。

血液型などの傾向のようなもの。

血液型であれば4種類、コンスタンス仮説であれば3倍の12種類の分析があり、より詳しい内容を知ることができる。

あらかじめ自分の性格がどのような傾向にあるのかを知っておくことで自分の短所だと思っていた部分が実は思ってもみない長所であると気づくこともある。

この発見はなにかにつけ自分を責めてしまいがちな私たちへの新しい世界を広げてもらえる。

【天命】とは私たちが本来持って生まれた魂の使命。

この世は【陰陽】で成り立つといわれる。

【表層】が表に出やすい【陽】であるとするなら【天命】は【陰】の要素といえるだろう。

この【陰陽】の組み合わせにより私たちの表面的な部分とその奥に隠れているものを知ることができる。

自分の【天命】に気づきうまく使えることができるといわゆる【成功】というものができるといわれている。

『成功者は成功した人の真似をする』といわれる。

かつて王侯貴族だけが使われたこの【コンスタンス仮説】

成功するためのマニュアルがあったからこそ、その地位を築き続けることができたのだろう。

だが時代と共にこの地位を守り続けることは難しかったのか、もしくは誰かが一人占めしようとしたのかあやうく闇に葬られるところだったところ、コンスタンス仮説の創始者である坂口烈緒氏により再度、脚光をあびることができたのだ。

このコンスタンス仮説、成功者のための統計学の何よりもすごいところは成功するためのツールであるという所だけではなく、如何に成功し続けられるかが心理学者でもある坂口烈緒氏によって体系化された、成功後も永遠に輝き続けることができる、アフターケアもしてくれる、すばらしい統計学なのである。

コンスタンス仮説研究協会　金 大吾

「将軍」

「慕われて上に立つ、我慢と頑固の堅物リーダー」

・いつでも上に立っている

自ら努力したり、望まなくともいつの間にかリーダーに祭り上げられるような変わった気質を持っている表層が将軍なんだ。なぜか人に慕われたり、なぜか上にあげられる、野心がある人でもない人でも、気持ちに関係なく、リーダーになるチャンスに恵まれやすい。不思議な人望があって、活躍すればするほど人望が集まって、人の目を奪うような輝きをみせることが多いんだ。

・堪えても、一人になって癒しを

極めて強い忍耐力は表層でいうなら騎士についで二番目にある。非常に我慢強い。ただ、我慢強さは素晴らしいけれど、そこで溜めた欲求の抑制やストレスを解消する習慣をあまりもたないので、心や体を崩して、人に甘えることがあるんだ。だから、一人の時間を大事にすること。

他人と過ごすことが好きであっても、一人になる時間が全くとれないと精神が磨耗するから、一人という空間を必要とする。そのため、お風呂やトイレの時間が長くなるのだけど、そういう一人の環境で漠然と落ち着こうとしているからなんだね。

我慢したことを人にたくさんグチるようなことはしない。だれかと話して発散したり、相談したりするタイプじゃなく、ブツブツと満足いくまで考える。つまるところ、ストレスの発散は苦手な方だと言える。人間は、愛する人や友人の力で、気もちの共感をしてもらったり、話を聞いてもらったり、アドバイスをもらったりして、心をある程度コントロールするけど、将軍はそこに対して致命的な弱さがあるんだ。

・我慢強さが反転して、極めて頑固者

我慢強さに並んで、表層の中でも強く表れる気質が頑固なところ。自分でこうだろうと思ったことをなかなか変えられないんだ。ちなみに、「頑固かな?」と疑問に感じている人ほど頑固者だから気をつけて。この頑固さは一番危険だ。

また、頑固さが故にディスカッションが不得意な面があり、

他人のアドバイスや意見を攻撃とみなしてしまい、揉めてしまうこともあるし、他人の意見を利用して自分の判断を修正できなくなる。しかも、人望も威厳もあるため、将軍に対して対立的な意見をだすものはどんどん減っていく。周りをイエスマンで固めようとするので、ノーと言ってくれる友人や部下が、将軍には必ず必要だ。対立意見を言ってくれる存在は、進展のない安定を崩してくれるからいた方がいい。

対立意見を気にできるようになったら、将軍としても一皮むけるだろうね。

・飽きてしまうのだから、考え方を変えよう

始めたことを途中でやめること、物事を中途半端にしてしまうことに強い罪悪感を感じる。だから、飽き性になったときは、色々なことが中途半端になりやすく、やめるわりにそこに罪悪感を感じるため、非常に悪い循環に陥るんだ。この飽き症をトラウマとしてもっている人も多い。そういうときは、自分が、自分という人間の人生を、今日まで飽きずに続けられているということを思い出そう。飽き症な将軍にも、続いていることがあるんだよ。

新しいことを始めるのに対して恐怖心が出るけれど、これだけ続いているものがあるのだから、他にも続くものがあるかもしれないと信じて考えを変えていこう。飽きてやめたのではなく、休憩しているだけだと捉えるのもいいよね。自分が飽き症で中途半端なやつだと表現しても、しなくても、

実力が増すことも減ることもないのだから、自分をいたわるような表現をしてあげた方がいいよね。自分を気遣ってあげよう。

・相手の記憶に残る

じっくり慎重に話す傾向にあるし、それを心がけた方が将軍の魅力が伝わりやすい。早口な人は、人を集めるという人望が出にくくなる。そこを意識しよう。ゆっくり、ゆったりだ。

独創的、個性的なファッションを意識することで、好感を与えたり、評価につなげやすくなったりする。極端な奇抜さでなくても構わないから、ちょっと印象的な服装、ワンポイントでもいいから奇抜なものを取り入れるようにすれば、注目を集めやすくなり、記憶にも残りやすくなるね。

・今や未来ではなく、過去に生きてしまいやすい

過去の出来事から、物事の前提を作りやすい。「前にこう

だったから、こうに違いない。」というパターンで物事を考えてしまうから、気づいた時点で改めよう。毎日同じことをしていても、明日、今日と同じようなことが起きるとは限らない。そう思うからビジネスもできる。絶対というものがあると思ったら、ビジネスは破綻するだろうね。絶対こうだという思い込みは恐い、これはビジネスに関係なく、人生のどのシーンでもそうだ。人間は変わらない、普遍的で安定感のあるものが好きで、それがよくなる変化でも、自分の心地いい安定したところにいようとするんだけど、将軍にはこの傾向が強く見られる。

すぐ、今の環境を信じて疑おうとしなくなるので、常にクセみたいに背伸びをすること、本当は欲しくなくても新しいものを欲しいと言うことを心がけよう。今の自分にはほんのちょっと手に届かないもの、人、チャンスを追い続けることが大事だよ。「昨日何が起こっていたか」は重要ではないし、何の参考資料にもならない。

「今日は何が起きるか」「明日は何が起きるか」と、過去に意識を向けず今と未来に意識を向けよう。将軍は常に今と未来に目を向けておかないと、成功のチャンスを物凄く逃しやすくなるよ。

・お金は守るように増やす

お金に関しては、貯蓄や堅実な投資に関して抜群の運気を発揮する場合が多い。ギャンブル性が高いことやリスクを負うことはあまり向かないが、堅実に資産を運用したり、お金を守るということに関しては運気を味方に出来る。

・グチを言ったり相談をしたりしないから

恋愛や人間関係においては、自分の心の内をさらけ出す事が出来る相手がいた方が良い。そういう相手がいないと、我慢に我慢を重ねて、爆発したときにそれが鬱傾向をもたらしたり、あるいはそれを他人にぶつけてしまうことになる。自分の一部と思えるような、隠し事もなく感じられるような友人や恋人、家族が一番必要な表層だ。

・リズムが健康を守る

すべてが不規則な中にいる将軍は調子が悪くなる。ただでさえ、非常に頭痛を起こしやすい表層であるから、慢性頭痛などを患うリスクもあるため、注意が必要だ。

習慣や、自分の中でのルールのようなものを決めることで、生活が非常に豊かになる。また、成功への足掛かりを手に入れ

たりもする。そのため、学習には決まった習い事や、人間関係の出会いを探すならこれも決まった行きつけの店を作るなどした方が良い。ただ、習慣やルールが守られなかったからといって罪悪感をもたないことが大事だ。

守れない日があっても、そんなのを気にしているのは自分だけだと忘れてはいけないよ。将軍はまるで大罪を犯したかのような顔になってしまうから、守らなくても困らないということは意識しておこう。

「司祭」

「古風で知的、でも被害妄想たっぷりな大人」

・魅力は同化

表層の中で最も精神が大人びている。子ども時代から大人のような落ち着きがある。学習能力が高く、物事を学んで理解するのが上手。ミスをしないわけではないが、必ずそこから何かを学ぶ。一度したことをよく覚えているので、ミスをした場合も同じことを二度再現しないためにはどうすればいいか、よく意識しながら行動ができる。

誰かの技術や行動、性格をまねるのにすごく長けている。このような同化の性質をもっているのは表層の中では政治家と司祭だけなんだ。司祭の同化能力は、まねようとしなくても、近くにいる人たちに性格や能力、考え方が似ていくほどのもので、レベルの高い人と付き合っていけば、そういう人たちに沿った人間になっていくよ。

反対に、自分がなりたくない人たちと付き合っていくと、そういう人になるし、自分と同じくらいのレベルの人たちといれば、そのステージから動けなくなる。だから、極端な話、司祭は背伸びをした環境で人付き合いをすると、何もしなくても伸びていくことができるんだ。

ところが、無意識に人のしていることをまねたり、盗んだりすることに罪悪感を感じてしまうんだ。オンリーワンであることにすごく誇りを感じたり、固執したりするから自分で足を引っ張りやすい。知識や技術を自分のものにしてしまえるように、盗んでまねて再現しよう。そうすれば革命的な何かを生み出せる。

・知的な印象を与えている

落ち着きや知性の高さをまとっているので、初対面でもそれを感じさせる。アイデアマンでもあり、発明家や学者、建築家に多い表層が司祭なんだ。ものすごく器用で、筆を持てばすてきな絵を描いたり、ハサミを握れば髪を切ったり、細かい作業で何かを作り上げるのが得意。繊細さを持ち合わせているタイプの人たちなんだ。

・満足はしない

すてきなものを生み出すのに、根っこは優柔不断で迷いやすい。「ああしようか」「こうしようか」と考えて、物事の完成までに時間がかかる。作っている間に迷ったり、これを人に見せようか見せまいかと悩んだりするんだ。でも、そういうところがあるから、いい作品が生まれるんだね。

よく迷うのだけど、どこかであきらめることを意識してほしい。究極を求めることがあるけれど、司祭が満足を得るときは一生来ないと覚えておこう。どんどんレベルが上がっても、求めるレベルにはたどり着かない。向上心があるから、常に自分プラス1のレベルを求めるんだね。

例えば、テストで百点を取れば、百一点がほしくなるし、二百点を取れば、二百一点がほしくなる。ゴールは近づくほどずっと遠ざかっていく。だから、司祭はどこかで割り切るところをつくらないといけないね。時間的な期限や誰かからの評価を受けるなど、基準を決めておくことが大事だ。

・一番の批判家は自分

司祭は王と並んでネガティブなんだ。司祭の場合は知性があるから、被害妄想を働かせてしまって、自分自身でどんどん怖くしていく。「こんな風に言われちゃう」「こんな風になってしまう」などと気になるんだね。そうなると足取りが重くなってしまうということになりかねない。

司祭に覚えておいてほしいことは、自分が一番自分のことを批判しているということ。自分をだれよりも厳しく批評しているんだ。もっと甘くてもいいと思うようにしなければいけない。自分の評価が周囲を含めて一番の厳しさなんだ。どんなにすばらしいことをしても、満足できないから、もう少し他人に意見を求めよう。そして、言ってもらった「すばらしいことをしていると思うよ」とか「すてきだよ」という言葉を信じよう。「一所懸命、一所懸命、いや、その程度ではない」と言ってくる存在が、司祭の中にはいる。その存在は、極端な人で、自信を削ぐことをライフワークとしているんだ。だから、その人にはあまり耳を貸しすぎないことだ。

リスクを想定するときなどには必要な場合があるけれど、行動したいときは無視したほうがいいね。

・古きに好かれる

古風なものや伝統的なものと相性がいいんだ。

目上の人や伝統を好む人、マナー重視な人など、古風な思想をもった人にすごく好かれやすいし、愛されやすい。

大人っぽい服装や伝統的な服装などとの相性もいい。和装やクラシックドレス、燕尾服を着たり、極端に古いアンティークのようなものをワンポイントにつけたりすればものすごく好感度や評判が上がる。普通のドレスやスーツで行くよりも、その場で得られるチャンスがぐっと広がるよ。

身なりに関しては、若作りをすればするほど老けて見えてしまうから気をつけて。若く見せる服装やメイクはかえって老け込んでしまう。反対に、大人っぽく振る舞えば振る舞うほど若く見られるんだ。若く見られたければ、大人っぽく振る舞う方が若返るよ。

・機を逃さない

恋愛にはおくてで、相手の出方をうかがう。そして、ずっと出方を見守っていてチャンスを逃してしまうんだ。好きだという表現もあまりしないから、それが周りに伝わらず、恋愛に発展しないパターンが多いから気をつけて。

・土台を固める。

何かを始めるときは基礎が大事になるから、ビジネスでも趣味でも、基礎固めを重視しよう。目的預金に向いている。「これのためのお金」と思ってためると、お金のめぐりがよくなる。ところが、司祭は表層の中で最も漠然とした貯金をしやすい気質なんだ。理由は被害妄想と恐怖の中にいるネガティブなところにある。何かあってもいいように備えたくてたまらないんだね。

結局、どの名目で貯めていても、使えるのは一緒なのだから、ポジティブな目的で貯金をしてほしい。

・**人生はこれから**

司祭の共通点は、若いころに苦労していること。二十代ごろまではいじめや虐待、貧困に苦しんでいた人が多い。しかし、年を重ねるほど成功していく。今が嫌でも、この先はよくなる。年々幸福になるから安心していいよ。

「学者」

「冷静な分析で真実に至る、感情的なこだわり屋」

・分析家

深く分析し、深く理解していくことで、誰も気づかないような真実に至ることができる。天命が目だと、その力はさらに強くなり、本質を見抜くことにこれ以上ないほど長けているんだ。ペースはすごく遅いが、ゆっくりな分クオリティが高いよ。

表層が将軍の人と似ているところがあって、こだわりを活かせる仕事だったら、その道の一流中の一流になれる。逆に、こだわれない勢い重視の仕事はむいていない。時間が必要な気質だからね。

・一番最初の印象重視

人間関係は、人のことをすぐに許せるような人のよさがある。

これは、相手が自分に不利益をもたらす人だと分かっていてもなかなか縁を切れないというところにも繋がる。ずるずるしてしまいやすく、人間関係で損をしてしまいやすい。表層が政治家の人とは対照的で、人間関係に対してあまり意味を考えずに行動してしまう。ただ、頑固さが出やすいんだ。

表層の中では最も頑固で偏屈なところがある。だから、最初に受けた印象をずっと引きずるんだ。初頭印象に弱いので、学者に会う場合は、第一印象をすごく大事にしたいね。そうでないと、なかなか手のひら返しが起きなくて、最初の印象のまま固まってしまうんだ。

・恐いものは裏切り

裏切りに対して過剰に反応してしまう。裏切りを恐れていて、裏切りでものすごく傷つく。人間不信になりやすい。だから、周りの人間を自分のコントロールできる範囲や目の届く範囲に置いておこうとする傾向がある。結果的に、束縛したり、支配的になったりしやすいんだ。大きな意味で人を信じられるようになろう。

人は場合によっては裏切る。その人も自分の人生を生きているわけなんだから。そこを含めて、人を信じないといけない。勝手な決めつけはしないでおこう。

「この人だったら…」という期待をふっかけてはいけない。成功者ほど、相手に裏切る余地を与えているね。裏切られても問題がないようにしておくんだ。もちろん、裏切ってほしくはないから大事にはするし、いつもその人のことを

考えている。だけど、裏切らせないというプレッシャーは与えない。裏切る自由は保障している。信じるといっても、期待しないでいることは大事だ。自分も相手も苦しくなるからね。また、裏切りに恐れやすい気質ゆえ、支配しておけた方が楽だし、ワンマンにもなりやすい。

・文章力に優れている

コミュニケーションは文章でとるといい。学者は文章力が高いんだ。物事を文章で表現するのが得意。これは、会話とは違い時間をかけられるからだ。時間をかけるほど魅力的なものがつくれる。天命が手紙だと、より文章力が高くなるから、学者で手紙の場合はよく伝わる文章力を活かすといいね。

・時間をかけて大丈夫、むしろかけて

学者は自分ルールをもった方がいい。ちょっとした習慣をもつと精神的にいい状態になれて、モチベーションがアップするんだ。

学者の魅力は慎重さだ。時間をかける中でいろんな気づきやチャンスを見つけ出す。逆に、慎重でないときは本当によくない。衝動的に動くと才能が発揮されなくて、後悔することになるので気をつけよう。

しかし、そんな学者に限ってノリや空気に流されやすいんだ。お酒の勢いや雰囲気にのまれることが多い。これには十分気をつけてほしい。

普段は冷静で理性的なのに、自分勝手な行動をしたり、情熱にのまれてしまったとき、自分勝手な人に裏切られてしまう。常に冷静さをなくさないように心がけよう。

・稼ぐことと貯めることが得意

お金を稼ぐことに問題はないんだけど、使い方には問題がある。過剰にケチだったり、散財し過ぎたり、上手い話にのって大損をしたり…、時と場合によっていろんな間違った使い方をするのが学者なんだ。稼ぐのも貯めるのも上手だけど、間違った使い方も上手なんだね。

本当に大事なときに使わないこともあるから使い方を考えよう。

・流されやすい恋

恋愛のタイプは定まりやすいが、押しに弱い。勢いのある相手だと、全然好みでなくても付き合うことがあるし、変な人と付き合ってしまうこともある。

逆に、学者と恋愛をしたいなら、速攻がいい。「返事を待って」と言われても、「いや、今がいい」と言うくらいがいいね。

・じっくり探究し、身につける

習得に時間がかかったり、専門性が高い分野を極めようとすると、すごい速さで成功につながる。実際に成功した学者にはどんな職種の人が多いのか、調べてみると、様々な職人やアーティスト、役者などを生業にする人が多いんだ。

・尊敬できるバランサーを味方にすると成功しやすい

ここまで読んでもらったら分かるように、学者は自分の感覚のバランスをとるのが苦手なんだ。そこで、うまく自制するために人の意見を借りたい。

感情が昂ぶれば、それを諫めてくれる人。反対に、冷静になりすぎてバイタリティが欠けたり、ロマンを喪失していれば、盛り上げてくれるような人。

だけど、学者は人を見下しやすいところがある。学者のプライドの高さが、素直に人の意見を聞くことを邪魔してしまう場合も多い。

頑張って誰の意見でも聞ける様になって欲しいところだが、それは学者のみならず、誰にとっても簡単な事じゃない。

そこでシンプルに、是非ともバランサー役には、学者自身が尊敬できるような相手を選ぶようにしてほしい。それだけで、随分素直に話が聞けてしまう。これもまた、学者の性質だ。

「商人」

「甘え上手で甘やかし上手、控えめな野心家」

・人を放っておけない

商人は世話好きで、面倒見がいい。人が依存してくれることを好ましく思うんだ。母性も強い。
ただ、恋人を束縛しやすかったり、出しゃばりな印象を与えることも少なくないね。親になると、子どもに対して過干渉になることもある。

これは、自分の中で自分の価値を認められないことに由来しているんだ。人を依存させるだけでなく、商人自身も依存度が高く、自分の居場所や存在価値、存在意義を他人に証明してもらおうとする。人の面倒をよく見るのは、「私がいないといけない。」ということを感じたいからなんだね。

子どもに過干渉になるのも、「子どもから手が離せない」という言葉を言って、自分の父親、あるいは母親としての価値を確認しているんだ。

・存在意義を認められたいがゆえに

商人たちに心配することは、DVの恐怖依存になる人が多いことなんだ。DVの被害に遭っているのだから別れた方がいいと周りが言っても、商人は、「それはできない。なぜならあの人には私が必要だから。」と言ってしまうことが多い。これは結局、DVを受けとめられるというところで、存在意義を感じて気もち良くなっているからなんだ。

もし、身近に恐怖依存に陥っている商人がいれば、ほめてあげないといけない。本当は、魅力的な部分があるのに、DVのパートナーを受けとめることだけが自分の魅力なのだという気になってしまっているからね。

DVの被害を受けている商人のためにできることは、頼ってあげること。気遣うより、迷惑をかけて別の存在意義をもたせる、別の存在意義のもてる場所をつくってあげることが大切だ。

・目的をもって依存する

依存することをマイナスに捉えがちだ。それは依存を、漠然とした自分の存在価値を確認するための理由なき甘えだと理解しているから。確かに、漠然とした依存を続ければ、あとで自分の首をしめることになるから避けたい。でも、これとは逆の、目的があって、その目的をこなすために人に頼る、上手な甘え方ならどうだろう。

例えば、「その人に、ある言葉をかけてもらいたくて甘える」というような、自分のゴールが明確なときに、ゴールに向かう動機づけに人を利用するのは悪くないよね。成功するためには、自分にない力をもっている人に甘えることを絶対にしてほしい。

自分でする方が効率的だと思うけど、自分の代わりを立てられるなら、代わりにやってもらう方がいい。そうしないと、いつまでも労働しようとしてしまい、いつまでもリーダーになれなくなるよね。

・ビジネスでは二番手

リーダーとあったけれど、商人はマネージャーや副社長、秘書などの二番手が一番成功しやすい。そうなると、結局二番手なのかと言いたくなるけれど、これは大成功するまでの立ち位置なんだ。成功者になれば、労働はしていないわけだから自分のポジションは関係なくなる。

極端な話、どこに立っていてもいい。あくまでも成功に至るまでの話で、その間は二番手などのサポーター役がすごくいい。

・小さな野心家

商人は野心が表層の中で二番目に高い。向上心があり、成功意識が高い。それなのにすることが小さいんだ。夢とか目的を小さくまとめちゃう人が多い。

ランプの魔人が一生に一度の願いごとを叶えてくれると言ったとしても、商人は「月収を百万円にしてください。」と言ってしまうんだ。月収1兆円でもよかったわけなのにね。

商人は自分の夢や目的のための努力ができるのに、野心が小さい。大きくていいのに、大きい野心だと責められたり、バカにされたりすると考えてしまうんだ。馬鹿にされるのは月収が百万円でいいと言ったときだよ。だから、そういった小さな野心をもつところから修正していくといい。

ゴールが大きくても、ステップを一歩一歩確実に進める。それなら、ゴールくらいは派手なものにしよう。

・少しでも早く新天地へ

おもしろいことに、実家を離れて一人暮らしを始めたり、地元を離れて新天地でビジネスを始めたりしたタイミングで成功する人が多い。ぜひ、商人は実家や地元を離れてほしい。子どもが商人の場合、早く新天地へ向かわせた方がいい。

もともと依存気質があるから、実家暮らしを長くしている商人が多い。それが起因してか実家にいるとなかなか結婚できない人も多くいるみたいだ。

・平等主義

あらゆる人と平等に接したいと考えているので、優しい。自分のためでもあるけれど、相手のこともよく考えている。

誰かのためを思うなら、自尊心をもつことを大事にしよう。自尊心が低く、自分で自分をほめることができない。だからといって「自信ないです。」の一言は、自分勝手な言葉だから、自信満々のフリを習慣づけるようにするといいね。

・長期の恋愛は禁物

恋愛のチャンスは多い。しかし、都合のいい人という扱いになってしまいやすい。依存度合いが強いため、「自分の方があなたのことを好いている。」という気もちが強くなって、尽くす人が多い。男性の場合は「アッシー君」と呼ばれることにもなりがち。恋人未満という中途半端な関係をずるずる続けてしまうことがすごく多く、相手をよく見ないと都合のいいように扱われてしまう。浮気もされやすい。商人は恋愛をするほど恋愛不振になる人がいるので、早いうちに結婚する方が安定するということが多くある。

・上手に投資

表層が政治家の人たちも野心家で似た性質をもっているけれど、違うところはオリジナリティがあって、感性が豊かだということだ。だから、感性を活かす仕事にも向いている。

人のためにお金を使うように意識することで、より多くのお金が入ってくる流れをつくれるのが商人だ。プレゼントをあげるのがいい。

プレゼントを渡すことは愛情だから必ず返ってくる。愛や愛してるの言葉もそうだけど、回収率のいい投資なんだ。下手な投資をするよりよほどいい。お金や人脈として返ってくるよ。

LEIPZIGER MESSE 1948
DEUTSCHE POST
DEUTSCHE POST
1388: Vor den Zollschranken
50

「役者」

「努力家じゃなくて努力家風？　素敵に魅せる演出家」

・表現力が豊か

役者の性質は印象の良さ。会話をする以前に第一印象がいいんだ。周囲にふりまくオーラが華やかさをもっていて、目立つ。目の保養、気もちの保養になる存在。

精神面が若々しくて、フレッシュだから、周囲からは若く見られることがある。

また、言動は影響力が強く、人生のあらゆるトラブル、あらゆるチャンスのきっかけになるんだ。どんな出来事にも、役者の言葉には人生を左右する力がある。

・きわめて人当たりがいい会話上手だが…

表層の中では一番のコミュニケーション能力をもっている。だけど、人と話すのが苦手だという人も多いんだ。会話上手であるのに自信をもてない。

それは、コミュニケーションに求めるハードルが高いからなんだ。役者の人たちの周りには、コミュニケーションをとることや会話が上手な人がいて、その人たちに由来するコンプレックスによって、会話やコミュニケーションに関しての自信をなくすんだ。まるで、お笑い芸人みたいなプロのエンターテイナーを参考にしているかのようにね。実際に、無意識にプロと比較してる人も居るくらいだ。その結果、出来ない自分、という存在を抑圧してしまうんだね。

実のところ、話すことが苦手な人なんていないんだ。「これくらいは話せないとだめだ。」と、自分で決めてしまっている。上手く話せることは考えなくていい。大事なのは話すこと、シチュエーションが変われば求められる話し方の技術も変わるのに、一概に、会話が下手だと決めつけるようなことはしなくても大丈夫。役者に大事なのは楽しむことだから、ゲーム感覚で会話を楽しむといいね。

・やる気にかまうのではなく、ただ楽しめばいい

やる気が行動力のエネルギーになる。楽しいことや興味があることには情熱を注げる。だから、責任感をおしつけられたときほどがんばれないんだ。自分ががんばるかどうかはやる気と相談している

からね。

それが起因して、物事の抜け道を探し出すことに長けている。ずる賢さという才能があって、危機回避能力、危機を感知するセンサーをもっているから、やる気の出ないことからは上手に避けられる。あと、ウソも上手。なまけグセがあって、なまけるのが上手いんだけど、周りから見るとなまけているようには感じず、がんばっているように見えるんだ。これは役者の才能で、努力しないで努力している人と同じ、成功を得られる立ち振る舞いができる。世渡り上手なんだね。

しかし、やる気を感じるかどうかを常に考えてしまうので、どんなときでも前へ進むように心がけよう。


いつかやる気が出るまで待とうとすれば、やる気がでなかったときにその時間はムダになってしまう。それなら、なまけ者であることを自覚しながらも、前進することを選びたいね。

やる気で動くのではなく、楽観的に楽しむことに意識を向けよう。いろいろなことをゲームや遊び、人生そのものがゲームなんだと捉えるといいね。

・ガラスのハート

楽観的だけど、傷つきやすい。表層の中ではメンタルが弱いと言える。性格はネガティブでも、悲観的でもないけれど、人に批判された途端傷つくし、何か言われたらすごく落ち込む。

失敗したら立ち直れないほどに。

役者らしく、こだわりたいところには徹底的に頑固になる。だから、ここでも、どんな物事もこれからクリアしていくゲームだと捉えることが大切で、メンタルや、頑固さが無くなることで情熱さが安定して、楽しめるようになるだろう。

・露出多めの服装

女性なら、いつもよりちょっと丈の短いワンピースや露出が多めの服装、男性なら、腕が見えるタンクトップなどがいいね。役者は、露出が多くなるほど周囲からの好感を得られて、評価も上がるんだ。

・条件の多い恋愛

相手から得られる愛情面以外でのメリットを求めがち。どれくらい稼いでいるか、流行りの格好をしているか、オシャレか、どんなコネクションをもっているか、こういったステータスや見た目を重視する。愛情や好み以外の部分にも目がいきがちなんだ。つまり、恋愛対象に求める条件が多い

と言える。もてやすく、愛されやすいけれど、愛情面以外も気にして、破綻することがある。

もっと愛や好みという本能的な部分に目を向けて付き合えるといいね。

・魅力の演出

表現力がすごく、自分を魅力的に見せる技術を備えもっている。

自分の好きなこと、情熱の傾けられることをしていれば、できていないところを埋めていけてしまう。なぜなら、自分の興味あることをしていると、新たな何かが生まれる。その生まれた何かで次のことをしていくうちに、できていなかった部分をこなせてしまうんだ。だから、何かに取り組むときは、常に物事の楽しい部分を探す意識をもつといいね。

・人の目にさらされる仕事は天職だけど・・・

人前に出るような仕事で成功しやすいし、そういう仕事じゃなくても自分が成し遂げたことを人に見てもらったほうが良い結果を得られるだろう。ただ、役者の人は見られていると、前述した器用なサボり癖や表現を利用して、表面的に褒めてもらえる状態を作る事に一生懸命になってしまいかねない。そうすると、成功も表面的なもので終わってしまいかねない。

人に見られている中でも、自分でどんどん追求していきたいと思えるような部分があると、本当に大きな成功を収められるだろうね。

「戦士」

「責任を負うほど強くなる、目立ちたがりやの頑張りたがり」

・努力を楽しめる

表層の中では断トツの努力家が戦士。ただ、この努力については、みんなが思い描くイメージとは違っているので、そこを先に抑えておきたい。

我々が言う努力とは、苦労を買ってでもする努力家ではない。自分自身では楽しんでいることなのに、周りから見れば努力しているように感じられる行動を努力と呼んでいるんだ。人が健康でいることや恋人、お金を欲しがるのは、不安なく生きるためだよね。もし、これらが脅かされたとき、それでも安心して生きられるなら、それを望むだろう。だから、これを目指せばいいんだ。

努力のために努力をするのではなく、自分が欲しいものを目指す。そうしている過程でたまたま生まれるものが努力なんだ。努力せずに成功できることを願うよね、努力したけどダメだったからしょうがないかと言えてしまうのは怖いよ。

成功者はいつもやりたいことをやって楽しんでいるんだ。それを周りが努力していると感じるだけ。本人がどのように捉えるかで大きく変わってくるから、とりあえずがんばっておく、とりあえず必死になっておけばいいという、努力のための努力ではないと理解しておいてほしい。

これを踏まえた上で、正しい意味の努力ができたとき、戦士は人知を超えたレベルで自分の体を酷使できるようになる。そして、その努力を楽しみ続けられるんだ。

・成功のカギは注目を集めること

戦士は意地っ張りで負けず嫌いでもある。だからこそ、手を抜くようなことはしない。それだけよくやるゆえに、承認欲求が少なからずあり、極めて目立ちたがり屋だ。これは、自ら目立とうとする人と見てほしいと思う人で分かれるが、認めてほしい気もちが強いのはどちらであっても同じ。

努力してきたがんばりを認めたり、ほめたりすれば能力は伸びる。

人にほめられないのは自分の努力が足りないからだと、意識的にも無意識的にも捉えがちだが、満たされない感情で自分を追い込んでいくことは、精神的に健常でない状態に陥ってしまうので気をつけたい。

ほめるのは、誰かからというわけではなく、まずは自分で自分の努力をほめられるようにクセ付けること。自分のがんばりを言葉にして伝えたり、ご褒美を与えたりすると、その先のモチベーションや能力がさらに上向くことが期待できる。

戦士にとって、目立つことや注目されることは成功につながる。そのため、派手なものや奇抜なものを身に付けることでより良い印象をつけることができる。悪目立ちであっても、目立てば勝ち。自分磨きや、自分をほめてくれる場所を探すことや、ちょっと場違いかも、今はそのタイミングじゃない、と思っても自己アピールをして爪痕を残すぐらいの気もちで目立っていこう。

・「いけるだろう」はいけない

目先のことにとらわれやすく、不慮の事故や事件に巻き込まれやすいので注意をしたい。これぐらいはいけるだろうという考えをもちやすいが、思わぬ事態を招くことが多い。特に、天命が手紙であれば油断しっぱなしの人生になってすごく危険だから気をつけたいね。

勢いで物事を進めてしまうので、慎重さには欠けている。緻密さがないので油断が生まれやすい。また、上手くいかなかったときに罪悪感を感じやすいので、いけなかったのかなと悩み過ぎないようにしたい。自分に非がなくても、思い返して悪く思ってしまうことも。

もめ事やケンカをしたときは、負けず嫌いの性質が出て、拗ねて話し合いがこじれやすくなることもある。周囲の人はその性質を配慮しよう。

・人脈がどんどん拡張していく

精神面がかなり若く子どもっぽくい戦士、「いけるだろう」の気もちで、人脈を拡大していく力が強力だ。努力家ゆえ、真面目な人という印象を与えるので、それらが評価され成功へと繋がっていく。そうした信頼を得るのに抜群の気質をもっている。多くの人の力で成功を手にするので、自分の人脈を拡張していく意識をもつといい。

一方で、たちの悪いつながりも得やすく、だまされやすい。対人のトラブルにも巻き込まれやすく、変な人にカモにされやすい。すぐに人のことをいい人だと思ってしまうところを注意するように心がけたい。

直情的で油断をしやすいので気をつけること。

・常に恋をしたいが、その対象は広い

戦士の恋は、情熱を注げるところであれば、趣味やアイドル、スポーツチームの追っかけでも構わない。そのため、オタクには表層が戦士ということが多い。

相手と対等であることを重視するので、どちらか一方が努力していることを好まない。相手が上になってしまうと罪悪感を感じ、自分だけががんばると、自分のことをほめてもらえていないという承認欲求が出て、どちらであってもストレスを感じてしまう。

もちつもたれずの関係が理想だ。

・稼ぐ、使う、貯めるをバランスよく

お金を貯めることにこだわり過ぎて貯蓄に努力するのはよくない。かといって、使うことばかりを意識して散財するのもよくない。どちらの方法もお金が離れていく行為になってしまう。無駄使いをするでもなく、ケチるでもなく、使うと貯めるを両立すること。稼ぐ、使う、貯めるのをほどよくしているバランスのとれた状態が、最もお金が増えやすくなっている状態だ。

・責任を追うほど大物に

責任は、わざわざ感じなくても、責任を感じているとき同様に、人はベストを尽くすのだから、責任は感じなくていいものなのだが、戦士の場合は例外だ。戦士は責任を追えば追うほどキャパシティが大きくなる。プレッシャーを感じていい特殊な気質をもっている。プレッシャーを追うほどに、それを上回る力を発揮していくことができるので、ストレスを感じることはあるが、責任を怖がらなくてもいい。押しつぶされない程度に、自分が強くなるポイントだと捉えたい。

わりとブレない、大きな人物になれるのが戦士だ。

「政治家」

「全てを武器にする、完全無欠な冷血漢」

・優秀さのイメージを体現したタイプ

政治家の特徴はクールで几帳面な完璧主義者だ。周りからは冷静で、情熱的とは思われにくいようだね。それは、論理的に物事を考えるからであって、そこに基づいて行動するんだ。完璧主義者ということは、神経質でもあるということだ。この性質から、自分の意に反するような不合理な行為や思考を繰り返してしまうことがある。

ムダが嫌いで、意味のないことはしない。だから、周囲が楽しんでいても、漠然とした意味を見出せないことでは楽しめない。動きにもムダがないため、明確な動機や理由が示されていないと動けないんだ。自分から関わっていく分には、必要性をを感じているからいいのだけど、動き周りからは隙がなく近寄りがたい人と思われがちだね。

なぜ、それが必要か、それをすることでどういう結果が生まれるのか、伝えてもらわなければ、なんとなくのわがままだと動くことはないだろう。また、最初から言われていなことに対して、後から付け加えられても融通が利かないこともあるようだね。

・スマートな印象で、周囲をひきつける

ムダがないので、あらゆる動きが堅実でやり過ぎることもない。天命によって違いはあるものの、依存することは遠い存在のように感じているだろう。もてやすさは恋人同様で、雰囲気やたたずまいにかっこよさや美しさを感じられて憧れられやすいんだ。

だが、もてやすさをもつ反面、人付き合いに課題があるのは先述の通りで、付き合う人に対しても、付き合うに値するかや時間のムダにならないかと考えてしまう。それゆえ、本当のチャンスを逃すこともあるだろうね。だから、一度受け入れてから判断することをオススメしたい。最初から拒絶してしまうと、見えてくるものも見えてこないから、付き合ってだめだったらやめるというスタンスをとっても遅くはないだろう。

・学んだことを活かす天才

学んだり、真似たりすることが得意なんだ。応用することは

苦手なんだけど、基礎でほとんどをやりくりできるんだ。応用的な特殊な技術や方法がなくても、その道のプロと渡り合えるほどのしっかりしたベースをもっている。この性質は周囲も認めているだろう。

器用だけど、応用力やオリジナルを生みだすことが苦手なんだ。でも構わない。なぜなら、学んだことや真似たことをしっかり再現してそのまま表現する力があるからね。

同化の性質があるのも特徴だ。付き合っている人に思想や人間性のレベルまで近づけることができるほど、周りからの影響は受けやすい。ただ、付き合う人によってはマイナス面にも引っ張られてしまう。例えば、婚活をしていたときに、上手くいかなかった者同士で反省会をしたとしよう。それを繰り返していくうちに、結婚できない人に同化してしまうんだ。だから、マイナス面に引っ張られてしまいそうなときは、幸せな人や上手くいっている人を間に入れるようにしたいね。

・古風な恋愛観

もてやすさについては紹介した通りだけど、理想が高く、無意識のうちにメリットを考えてしまうんだ。ここでも、ムダの無さや完璧な相手かを考えてしまいすぎて、チャンスを逃してしまうことがあるだろう。古風な考え方をしがちでもある。女性なら、男は男らしく甲斐性みせて稼いでくることを、男性なら、女は散歩下がって家に入るものだという、古い思想が強く出てしまう。

・むき出しの野心

知的で精神年齢の高い政治家は、表層の中でも一番の野心家で、向上心が高い。目的が定まれば、何が何でも達成しようと動けるんだ。ただ、野心を叶えるためには手段を択ばないところがあるよ。

本人は野心を隠しているつもりだが、実際のところ周囲はその野心に気づいていて、ただでさえ近寄りがたいのに、さらに引いてしまう。それなら、いっそのこと隠さない方がいいだろう。人を傷つけないのなら、自分の夢への意欲なのだから語っていけばいい。隠そうとするから後ろめたくなって、周りがリスクを感じるようになるんだ。夢を語る人は、悪意を感じずすてきな人に見えるので、野心は隠さず、夢として語るようにしていくといいね。

・相手の痛いところを突く能力

人の欠点を見つけるのが上手いんだ。粗探しや弱点を見抜く力に優れているからビジネスやスポーツで強さを発揮できる。天才的な攻撃性をもっているんだね。学んだことも使えるし、相手の痛いところを突けて、向上心も高いのが政治家なんだ。

・テーマは人間関係

冷静で完璧主義な政治家は、人の心がないように見られがちなんだ。野心家だから自分にベクトルが向いていて、他人には向かないんだ。せっかくコミュニケーション能力があるのに人間関係に悩むことがあるだろう。裏切られたり、批判されたりしやすいので気をつけたいね。

自分の夢のためにも人を大切にしよう。

「騎士」

「強い精神力と高い知能を持った、方向音痴ロボット」

・高い知能

表層全体でみても、極めて高い知能の持ち主で、頭の回転も速くて、知識の吸収も速い。統計的にみてみると、「学者」と言う表層と並んで、科学者や物理学者に多く見られる表層なんだよね。だから、知識欲や研究意欲、好奇心みたいなものも少なくないことが分かるね。まさに文武両道を兼ね備えた中世の騎士をイメージさせるような要素だね。

・強い精神力と忍耐力

あらゆる表層の中でも最強の精神力の持ち主。普通の人と比較すると、簡単には傷ついたりしないし、簡単にはブレない意思があるね。しかも、困難な状況に相対しても投げ出さずに向き合う事ができるような勇気もあるんだ。まさに、戦に向かっていく騎士って感じだね。持久力と忍耐力もあって、何かの訓練だったり、技術を磨くための練習、単純な筋力トレーニングでさえ、普通の人より自分を深く追い込むことができるから、飛躍的な成長を見せたりするね。努力の才能があるといってもいいかな。飽き性っていうのとは正反対で、一つのことをしっかりと継続できるよ。でも、本人の中で「長続きした」と自分自身を認めてあげることは中々ないかも知れないね。メンタルの強さが由来して、自分の評価には高いハードルを用意するところがあるからね。

・不器用

実はとても不器用で、繊細さが求められる作業は苦手。頭は働かせるし、性格も雑な仕事をするタイプでは無いのだけれど、単純に技術的な面にその性格が活きにくい。だから、何かをスマートにこなす事はあまりなくて、どちらかというと、泥臭く一生懸命に立ち向かうことの方が多い。騎士が甲冑を着たまま手作業をしているのをイメージしたらわかりやすいね。繊細な作業は難しそうだ。

・冷静沈着

情緒が安定していることもあり、基本的にものすごく冷静。人生において大事なのは、感情ではなく

理性であると考えている部分がある。感情の暴走は身を滅ぼすとか、感情に流されるのは幼稚であるというような考えを持っている事が冷静さに由来している場合も多い。その為、他人が感情的になっている様子を見て、その相手を見下してしまったり、抵抗感を覚える場合もあるね。

・噂話や外部からの情報に関しては冷静でいられないことも

例外的に、騎士が冷静でいられなくなるのは、外部からの情報に関してだね。最後まで展開を見ずに過剰に期待してしまって、あとから起こる思わぬ展開にガッカリしてしまったり、反対にまだどうなるか分からないことでも、雰囲気が悪かったら「もう駄目だ」と決めつけてしまったり、人の話を最後まで聞かずに喜んだり悲しんだり、ようはぬか喜びや疑心暗鬼に囚われやすいタイプの人、というわけだね。

・人の感情を中々理解できない

繊細な作業は苦手であるという話はさっきした通りだけど、人の気持ちを考えるというのも当然繊細さが求められる作業だね。騎士は自分自身に感情の起伏があまりなく、人の感情的な部分からも目を背けようとする傾向にあるため、特に人の気持ちを推し量ることが苦手だ。悪気がなくとも、いわゆる空気の読めない人になってしまっていることがある。

・自分の感情も人に理解されにくい

もともと感情表現を潜在的に好んでいないタイプなので、当然、感情表現は豊かではない。性格としての冷静さも相まって、中々感情の変化を他人に気づいてもらえないことがある。「ロボット」とよく表現されるのが騎士の表層を持つ人だが、その理由はこんなところにあるのかもしれない。まさに、西洋鎧の兜を被っていて、表情が全く見えない騎士そのものだね。

・でも、パッと見の印象は温和

付き合ってみると感情表現の少ないクールな人であることがよくわかるが、実は第一印象では非常に柔らかく温厚な印象を周囲に与えやすいのが、騎士の表層を持つ人だ。

・プライドが高く、人を選ぶ

基本的にプライドが高く、自分が「この人なら」と認めた相手にしかついていかないいし、言うことも聞かない。あくまでも尊敬できる相手とだけ付き合いたい、そういう人に影響を受けたいと考えている。単純に、社会的立場が上であったり、年上であるといった、目上と呼べる人であれば無条件に尊敬する事もある。反対に、尊敬できるところを見出せない相手のことは、

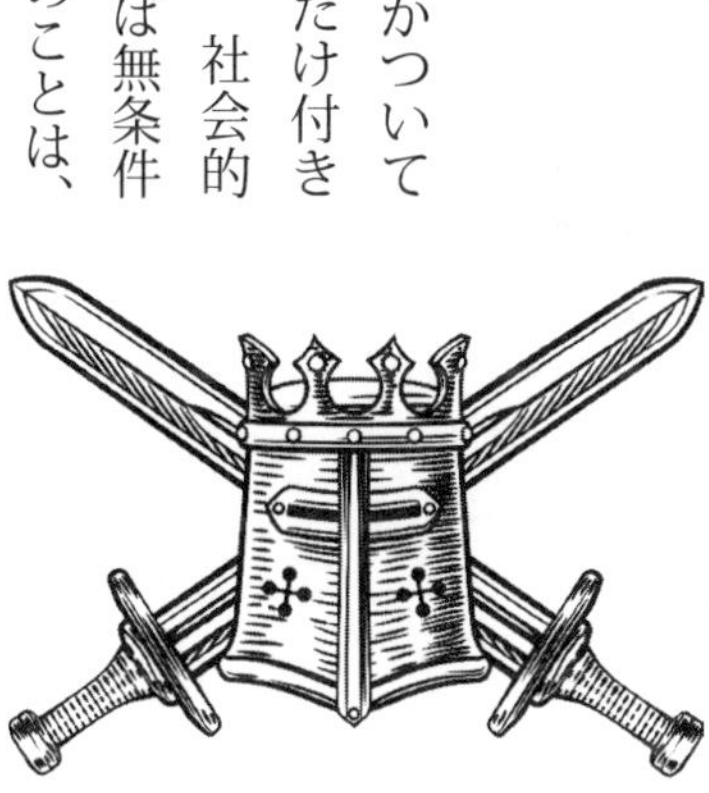

はっきりと見下してしまう。

・自分の決めた主に尽くすタイプ

信頼できると感じた人、尊敬できると感じた相手には全力で尽くし、そこからしっかりと恩恵も受け取るタイプ。

騎士の成功のポイントの一つでもある。真に信頼できる上位者に出会って、その人に尽くせるかどうかで、得られる成功は全く変わってくる。最初にだれを主とみなすか、これが騎士が最も慎重になるべきところと言えるだろうね。

・恋愛では特に尽くすタイプ

恋愛では「商人」という表層と同様、相手によく尽くすタイプだ。ただ、「商人」の場合は相手が尽くすことを望んでいなくても、その欲求を推し量って世話を焼くという、能動的な尽くし方をするタイプなのだが、騎士の場合は、相手から頼まれたことに対してだけ、全力で応えようとする、という、受け身な尽くし方になる。

だから、余計なお世話と言われる事こそ無いだろうけど、言われなきゃやらない人、と思われてしまうかもしれない。

・あらゆる面で精神力が強いが、特に騎士の人生で活きるのは「忍耐力」

我慢強さに関して言えば、時に尋常じゃない根性を発揮させてくれるので、騎士の成功を大きく助けてくれることになるだろう。反対に、我慢強さのせいで、間違った主に頑張って尽くし続けている状態を受け入れてしまっていたり、辛い環境に耐えようとしてしまうかも知れないから、そこの折り合いをつけることは大事だね。

「恋人」

「人を愛し、人に愛される、典型的な労働者」

・深い愛情

とても深い愛情を持っていて、表層の中ではそれを表現することが最も上手。他人の感情を思いやったり、常に気遣ったりすることが得意なので、周囲の人間のしたい事、して欲しいこと、欲しいもの、そういったあらゆるニーズをいち早く察知して、フォローしたりケアしたりということが出来る。

また、愛に偏りがなく、多くの人を平等に愛せる気質を持つ。誰かに気に入られるための、打算的、偽善的な思いやりや気遣いではなく、博愛的な感覚を、極当たり前のものとして、自然と身につけているため、そのピュアで混じりけのない愛を感じた人であれば、誰からも好かれる。

・極めて親切な振る舞いをする

「あの人困ってるな」「助けを求めてるな」と、相手の立場を自分に置き換えて推し量って、周りの協力や助けを求めている人に親切に接することが出来るのが恋人の特徴。反対に、客観的に見たり、他人事として見ることが苦手なため、厳密にその人の気持ちを察することはできない。あくまでも自分が基準になってしまうため、押し売りっぽくなってしまったり、反対に相手に困惑されたり不快な思いをさせてしまうこともある。

・優しそうな印象を与えるため、だれからも好印象を持たれて、モテる

恋人の表層を持つ人の多くが、普段から口角が上がっていたり、ポージングの際に腕を中々組まないというデータがある。こういった要素からも見て取れるように、話かけやすい雰囲気があり、優しそうに見える。恋人には、特有の明るくて爽やかで、そばにいると安心できるような雰囲気を感じさせる雰囲気があるものなので、多くの人に好感を持たれやすい。いわゆるモテるタイプの人によくみられる、妙にまぶしいようなオーラを放つ感じだったり、その人がいると空間が華やぐような感覚と似たイメージだね。だから、ルックスに関係なく、恋人はモテる資質を備えているんだ。

・壁を作らず、あらゆる年代の人とつながれる

恋人の表層を持つ人は、相手の懐に入ること、取り入る事が得意だ。相手がどんなタイプの人でも、苦手意識を持ったりして線を引かず、相手の好きな事、思想、感覚を上手に引き出して、共通点を見出すことが上手い。そうして、引き出していった相手の情報に対して、持ち前の協調性を発揮してうまく合わせる、という流れで、どんな相手の友人になることも、簡単にできてしまうんだ。

・誰のことも平等に愛そうとするから、逆に誰かを特別扱いすることが苦手

恋人の表層を持つ人は、全ての人類に対しても平等な愛が与えられるべきだと考えている。人種や職種などに由来するような、様々な『差別』を極端に嫌う。だから、あらゆる相手に平等に愛を注ぐべきだし、自分の身内と言えるような家族や友人だけを特別扱いすることに罪悪感を抱いてしまうし、そういったことには慣れていない。なので、恋人の表層を持つ人の、家族や恋人は、どこか愛の不足を感じたり、彼らが優しく振舞っている他の人に、嫉妬してしまう機会が多いかも

知れない。

・お金持ちや権力者を漠然と嫌うところがある

「お金を求めるのは悪いことだ」「お金は汚いものだ」「お金持ちは性格が悪い人間である」といった考えを持った人が非常に多い。

やっぱり教育現場では、子供たちをお金のことから離そうとしている教育を行っている。将来の夢について収入を基準に考えてみる授業なんてやったことないでしょ？でも実際、エリート教育ではしっかりと教え込まれているんだよね、お金の知識が。

それは、やっぱり労働者層がなるべくお金に関わろうとしない方が、支配者階級の人たちには都合がいい社会だからね。

お金に関することを悪いものだ、卑しいものだ、としてお金に関わらせないようにしたら、お金に無知な労働者が多く生まれて、支配者階級の養分になるじゃない？

こういう「お金は敵だ」的な思想は、一部の悪意を持った支配者階級によるコントロールにまんまとはまった状態なのかもしれない。実際、本当のお金持ちは悪意を振りまくような存在である

ことの方が少ない。精神的にも物理的にも余裕があるから、そんな彼らにとっては、自慢も、嫉妬も、攻撃も、何の利益ももたらさないような、無駄に疲れることとしか感じないからね。

でも、残念ながらこういったことにどうしても抵抗感を抱いてしまいやすいのが恋人の表層だ。

好意の返報性という原理があってね。人間は、単純に好意を示してくれる相手のことを好きになる、という心理的な現象を指しているんだ。まあ、当然だよね。誰だって、「あなたが嫌いです」って言ってくる人より、「あなたのことが好きですよー」と言ってくれる人と過ごしたいはずだ。これは、お金にも言えることだね。お金を好きだと言える人の所に、お金だってやってきたいと思うはずだよ。

逆もまたしかり、お金を拒絶したら、お金にも拒絶される。恋人はそのままでは中々大きな富を築くことが難しい。もしも、大きな富を求めるなら、常にお金や権力を得ようとする自分に許可を与える事が大切だ。それだけの力を持っていれば、今より多くの人に愛を与えたり、救うことができるんだ、と意識するといいかも知れない。

・反権力的な思想を除けば、変り者過ぎるほど、型にハマらない

恋人はとてもユニークで可愛らしい一面を持っている。仲良くなればなるほど、素晴らしいユーモアセンスを発揮してくれる。特に、一風変わったセンスを持った彼らは、常にエキセントリックな表現で人を驚かせたり、楽しませてくれる。

・人の言葉に影響を受けてしまいやすい

恋人は非常に感受性が豊かだ。音楽やドラマなどの作品に感情移入して、自分のことのように心が動いたり、些細なことにも心が反応する繊細な部分を持っている。この共感力の高さから、反対に人の言葉に影響を受けやすくなってしまう。もともと信念が強いタイプでは無いため、誰かの言葉で思想や信条が簡単にブレてしまう。

・モテるタイプで、出会いのチャンスは多いが、苦労する可能性が高い

前述したように、恋人の表層を持つ人は基本的にそ

の明るいオーラで人を引き付けるため、モテやすいし、深い愛情に打たれた誰かに惚れ込まれる事も少なくはない。だが、いつも苦労する相手を無意識に選んでしまうのが恋人だ。

というのも、恋人は愛に生きる表層であるため、「恋愛」というのは人生において特に重要なファクターを占めるのだが、恋人の人々は、無意識にも、完璧な相手に出会ったら、家庭に入って円満な生活を送るようになって、「恋愛」ができなくなってしまうと考えているのだ。そのため、破綻しては新たな恋愛に向かっていくという作業を絶えず繰り返すために、「いい恋愛」をするわけにはいかないのだ。結婚してからも、夫婦として恋愛は続くと考えられるようになるのが、理想的だと言える。ちなみに、恋人のデータとして興味深いのは、早めに結婚している方が、結婚生活が円満であるというものだ。

・献身的な精神を生かせる仕事が向いている

福祉、医療、保険、教育の分野で成果を出しやすす傾向にあるため、性質から考えても、人と良く関わり、人を守ったり、人を育める仕事がいいと言える。

「幼子」

「ピュアでワガママな、妄想癖のある天才児」

・最も純粋

幼子の特徴でまず上がるのは、その純粋さ。幼子の人は素直過ぎるほどに素直である、という特徴があり、素直であるがゆえに、相手の言ったことをそのまま真に受けてしまうこともある。

ちょっとした冗談や、軽く言われた言葉を重く受け止めてしまうようなところもある。この性質が由来して、幼子の人は、人や物事を疑うことが少なく、何事も素直に受け止めることが出来て、何かを教わったりすることによる成長や自己改善を、もっとも図りやすいタイプと言えるだろう。「教わり上手」というわけだ。

だが、反対に嘘が下手で、嘘をつくとすぐにバレてしまうし、幼子が普段周囲に与える純粋そうな振る舞いとのギャップから、通常より大きな反感を買ってしまう事になるだろう。

・赤ん坊のように吸収し続ける

精神感が最も若く、死ぬまでずっと赤ん坊や幼児に近いような無垢であらゆるものを吸収しようという感覚を持ち続けられる。この感覚のおかげで、幼子は新しいものを取り入れるのが実際に非常にうまく、今までと違うことを受け入れるのにも、抵抗感や躊躇がない。

・本質に目を向ける能力がある

こういったピュアな気質の持ち主というのは、人を無条件に信じすぎてしまうため、騙されやすいという傾向にあることが多いが、幼子は例外。たしかに幼子は人を疑わずに受け入れるが、彼らは雑念や邪な気持ちをゼロにして、穿った見方で人を観察しないため、ある種直感的ともいえるような感覚で相手の本心を感じ取ることができる才能を持っているのだ。そのため、相手がポジティブな意図をもって近づいているうちは良い関係を築き上げられるが、相手の悪意ある感情や攻撃性を感じれば、途端に拒絶するようになる。危機管理能力に関しては、肉食動物のような大胆さと、小動物のような繊細さを兼ね備えているのだ。

・圧倒的な好奇心

幼子は、あらゆる表層の中で最も強い好奇心を持っている。例えばある事柄に対して「質問はありますか?」と聞かれれば、無限に質問が出てくるような知識欲があり、他の誰一人として気にもかけないような小さなことからも、疑問点や、もっと知りたいというような気持ちがどんどん浮かんでくる。

さらに、自分の知識欲が刺激された分野に関しては、深いところまで理解した人間になりたいと考える癖があり、その知識に関して、一般的な書籍や講座などでは聞けないような、他では聞けない内容、特別な知識を求めようとする傾向にある。その知識に対してのブランド的な希少価値を追い求めていく部分があるわけだ。そのため、誰も知らないこと、だれも興味をもたなかったようなマイナーなことを学びたがる傾向にある。

・深い想像力を持つ

深い想像力を持っていて、ひとつの事柄について考える場合でも、自分の視点を様々な場所に置いて物事を見たり、想定し得るあらゆるパターンを思い浮かべながら物事を考える力がある。さらに、トラブルの想定も常に行うため、リスク管理能力も高い。幼子の人々には、事前にトラブルを回避できるように対策を講じる人物が多いため、危機管理能力が評価されやすい。

・他人の気持ちを推し量る

この想像力は人間関係でも良く活きる。幼子はその想像力を活かして、相手の立場でものごとを考えることができるので、他人の気持ちを理解することが得意だ。

アドバイザー的な気質や、相手を変えてあげよう的なコントロール欲求は比較的少ない表層であるため、的確なアドバイスが欲しいわけではなく、ただひたすら話や愚痴を聞いてほしい時にも相談できるような相手がこの幼子だ。

もちろんビジネスでも、クライアントの感情やニーズをうまく想定することが出来るので、企画力があると言えるだろう。商品開発に携われば、ヒット商品を生み出す可能性は高い。

・自意識が高まると、ただの妄想癖にもなり得る

幼子の人は、自意識が高くなると、被害妄想の傾向を見せ始める。

誰かがヒソヒソ話をしているのを見た時に、自分の悪口を言われているのではないか、と感じるタイプの人たちだ。

普段生活している中で、周囲の人間が自分を傷つけようとしているのではないか、見下しているのではないか、なんでも自分に向けられていると感じてしまいやすい。このネガティブな自意識過剰によって、人が自分をどう思っているか気になってしまい、耐え難い感情を抱くこともあるでしょう。

・オタク気質

幼子の特徴として、実はオタク気質であるということがあげられる。これも好奇心の強さに由来するのだが、自分の好きなものや得意なものの話になると特に情熱的に、饒舌になるというところがあるんだ。

仮に普段は物静かで喋ることの少ない幼子であっても、自分のはまっていること、専門分野に関しての話題になると途端に口数が多くなったり、早口になって熱く語りだす。こういう時には、情熱のあまり、相手の気持ちを推し量るという幼子の気質も出てこない。結果として、その熱量で周囲を引かせてしまったり、話についていけないと呆れさせてしまう場合もある。

・一番飽き性

あらゆる表層の中で最も飽き性。幼子は、自分の目的のものや知識を、手に入れるまでの過程を思う存分楽しむ事が一つの人生のテーマのようになっている部分があり、実際に手に入れてしまうとすぐに飽きてしまう、という特徴がある。

恋愛でも、一目惚れしてから、相手を落とすまでに、ものすごいエネルギーを注ぐけど、恋愛相手を落としてしまったら興味を一気に失って冷めてしまう。

学習についても、興味を持ってから、満足いくところまで、ものすごく頑張る。でも、知識がある程度のところまで到達して満足したら、すぐに興味がなくなってしまい、放り出してしまう。

簡単には手に入らないような高い目標と、常に上のステップに新しいゴールを作り出すように意識することが大切。

・急にスイッチが切れる

飽き性が由来して、楽しい会話や情熱的な会話をさっきまでしていたのに、急にすべてに飽きてしまったかのようにそれを放り

出してしまう事がある。これを人間関係でやってしまって周囲の人に困惑されたり、あの人は急に電池切れ起こすよね、というようなイメージを持たれやすいのが幼子だ。

・明確な価値や答えをつけられないものを好む

哲学や芸術など、明確な正解を持たない分野や、歴史のような想像の余地がある分野を探求することに向いている。実際に幼子の表層を持つ人は、そういった趣味や、学習を好む傾向にある。

・司会者気質

幼子はムードメーカーであると言える。というのも、やはり深い想像力によって、周囲への気配りや目配りがとても上手くできるからだ。自分だけで楽しむのは気が引けるから、その場にいる全員で楽しみたいという、罪悪感に由来している場合もあるが、輪に入れていない人がいないかを、常に観察している。うまく会話に参加できていない人には、話を振って自然と話に参加できるようにしてあげられるため、場を回す司会者のような立ち振る舞いが上手い。

特に、人との会話においては、何かのプロセスをイメージして話したり、こうなったらいいなと言うような過程の話、想像の話をするように心がけておくと素晴らしいアイディアに恵まれたり、楽しい時間を過ごすことができるのが幼子だ。

また、人間関係において、幼子は、自分のキャラクターを生かすように心がけると良い立ち位置に着くことができるから、意識したほうがいいかも知れない。

・悪意を感じさせないけど、実は図々しい

基本的に「いい人そう」というイメージを、いつの間にか周りに抱かせるこの表層。ネガティブな言葉を言わず、誰かを責めることもせず、誰かを非難したり批判することもなく、嘘もつかない、というイメージを勝手に抱かれやすい。だが、決して聖人君主というわけではなく、その無邪気さが故に、図々しくワガママな部分をしっかり持っているのが幼子だ。

勝手に上がったそのハードルのせいで、ほんの少しでもワガママさや図々しさが出て、誰かにとって嫌味な態度をとったり、ネガティブな事をすると、一気に評価が下がり、ガッカリされてしまう。イメージ戦略がとても大事になってくる表層なのだ。

・切り替え上手で、実はメンタルも強い

基本的に物事を割り切って考えようとする諦めの良さがある。そのため、過去の傷やトラウマ、人の目線や意見にとらわれ思い悩む事は少ない。飽き性な部分やワガママな部分もあるので、忍耐力があるとは言い難いが、精神的な強さは、騎士に次いで2番目と言って良い。

・幼子の貯金について

お金に関しては幼子のプロセスを進んでいく意識の高さをうまく利用して、飽き性な部分をコントロールするために、同時に複数の目的預金をすることが効果的だ。

「旅人」

「大局を見て行動力を発揮する、軽薄な自由人」

・**絶大な行動力**

自分がやりたいと思ったことをすぐに行動に移す才能がある。与えられたミッションであっても、今実行してすぐに完了できるものがあるなら、すぐに行動してみるという癖がある。

反対に、モチベーションが上がらず、できることを放置してしまっている状態にある時は、すごくモヤモヤしちゃう。そうして、どんどんストレスが溜まっていく。

やらなければいけないことにも楽しさを見出すことが出来て、自分の取り組んでいる物事に対する好奇心を常に高く持てる。

切り替えが早い部分も、高い行動力に繋がる要素の一つだろうね。

ミスが怖くて動けないとか、素早く行動することを躊躇してしまうような性質はあまり見られないけど、恐怖心考え方をうまく切り替えることで、そういった恐怖心を抑圧して行動できる。

仕事でも恋愛でも、多少のミスは仕方がない、という感覚を持っている。

また、優先順位がハッキリしている。やらなければならないことを天秤にかけて適切に選択し、どれから手を付ければ良いかをよく考えているため、行動に無駄がない。

・高い社交性

旅人はコミュニケーション能力を持つ人も多く、人を楽しませることもうまいし、人見知りなどもしにくい傾向にある。

だけど、同時に周りへの気遣いが苦手という人が多い。それは、自分のペースというものを最も重要視する、旅人であるが故。他人にあまり興味を持たないからだね。

例えば、付き合いの飲み会には行きたくなければ行かないし、周りで残業をしている人が多くても、旅人の表層を持つ人は自分の仕事が終わればさっさと帰ってしまう。

自分は自分、他人は他人という認識が非常に強く、自分を犠牲にしてまで誰かを手伝おうとすることは無い。

裏を返せば、この、他人にあまり興味がない部分があるからこそ、旅人は係る相手にどう思われるのかを気にすることが少なく済む。そして、結果的に人見知りをしにくかったり、思うままの言動がとれるから、高いコミュニケーション能力につながるんだろうね。

何よりもこの旅人の社交スタイルについて、特筆すべきところは、旅人は相手に気づかせないように、うまく距離をとることができるというところ。

そのため、人間関係に疲れて一人になりたい、自分の時間が欲しい、と言うような、コミュニケーションによる疲労感を感じる前に、しっかりとその欲求を自分で満たせる。

その結果、旅人は長期間にわたって、継続して他人とのコミュニケーションを取り続けることができるから、一見すると物凄く人とかかわることが好きで、コミュニケーションをとり続けるスタミナがあるようにも見えるだろうね。

・視野が広い

旅人のもう一つ特筆すべき才能は、その視野の広さだろうね。

正直いろいろな統計学や占いを見ても、この手の性質をもっている分類って、だいたい視野が狭かったりする。そういう意味では凄く珍しいね。

自分の考えだけに凝り固まってしまうこともなく、新しい情報に対して興味を持っていられる。前述した幼子ほどではないが、旅人も好奇心は強い方だしね。多くの情報を得ようとして、無意識にもアンテナをはっているわけだ。だから、先見の明のようなものも備えている場合も多いよ。

価値観や思考に捉われない性質から、他者のニーズや思考を読み解くのが得意な人が多いね。自分のこだわりや常識は、コミュニケーションを妨げる要因になるからね。もしかすると、これがコミュニケーション能力の高さの一因かも。

・長期的な展望を考えられる

そもそも、視野が広い旅人だから、変に目先の物事に捉われ過ぎてしまうという事はない。そのため、常に先の展開を考えて行動できる。

例えば、ある業界では、若手はみんなそろって年配の有力者やベテランに媚へつらっていたとしよう。有力な人に自分の支持者になってもらう為にね。

だが、旅人は若手のころから、同じように若手の人々や、もっと地位

の低い人や部下と親交を深め続けたりするんだ。

その結果、ベテラン勢が消えていく十年後、二十年後に、多くの同僚が支持者を失う中で、旅人は、当時は地位が低かった若手や部下による支持を得られる。

そう、いまやベテラン、有力者の仲間入りをした彼らのね。

こういう、長期的な戦略を駆使して最高の結果を得るという立ち回りも旅人にはよく見られる。

せっかちじゃあ出来ない芸当だね

・最もマイペース

旅人は非常にマイペースな表層でもあり、自分の考えをしっかりと持っている。何をするうえでも、自分なりに考え納得した上での言動や行動をとるため、他人がどう考えるかという所には興味を持たない。そのため、周囲の動向に振り回されることがなく、常に意思がブレない。

また、比較的のんびりしていることが多く、遅刻することも多々ある。多少の遅刻は許容範囲内であり、その基準は自分自身が

なんとなく決めているものであるため、多少の遅刻をしただけで目くじらを立てる人のほうがどうかしているという風に感じるようだね。
旅人は常に、自分が一番動きやすいタイミングで、行動しようとする。そのため、自分のペースを、少しでも他人に乱されることを嫌う。
そのため、高い社交性を持った旅人ではあるものの、理解を示してくれる相手でないと一緒に行動することができない。

また、自分だけの独特な世界観の中に生きることがあるため、空気が読めない言動や行動をとることがある。そのため、周りから見ると、空気が読めていないような言動をすることがあるようだね。

本人は空気を読んでいないつもりはなく、明確な自分の基準、「マイルール」をしっかり守って生きているため、自己中心的な態度をとっていることになかなか気づけない、という所には注意が必要だ。

・最も浮気性

ちなみに、旅人や周りの人に注意して欲しいのだが、というのも、今まで

話してきたような気質が由来してか、あらゆる表層の中で最も浮気性なのが旅人なんだ。

執着が無いところもまたその原因かも知れないし、コミュニケーション能力の高さがきっかけになっているとも考えられる。

そもそもマイペースだから、非常に束縛を嫌う気質を持っていて、束縛されたり、嫉妬されるほどに逃避欲求が湧き上がって、かえって浮気性は酷くなるみたいだね。

旅人を相手には、嫉妬や束縛を見せない方が、結果的には良さそうだね。

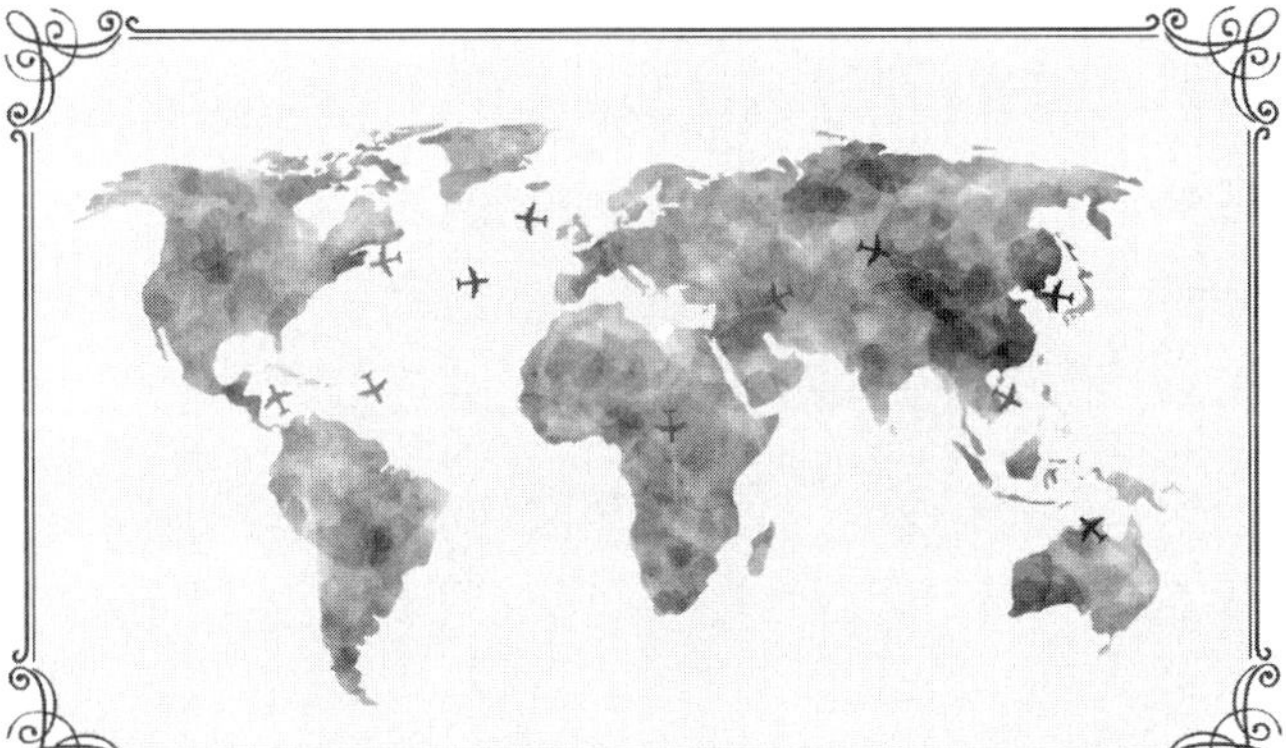

「王」

「気品とリーダーシップあふれる独裁者」

・非常に真面目で、道徳的、そして裏切りが許せない

社会的な道徳規範のようなものを凄く大事にする気質があるから、世間的に言う言う間違ったことだったり、倫理的に問題がありそうな事は基本的に好まない。

また、人に裏切られる事を凄く恐れていると同時に、そう言う人が許せないようだね。

裏切られると、ずっとその事を心のどこかで恨み続けてしまう人が、「王」にはとても多い。たとえ終わった話であってもね。

かといって、その裏切った相手に訴えかけたり、話し合ったりと、裏切りに向き合ったり、深追いすることは少ない。それほど潜在的に「裏切り者」を恐れているからだそうだね。だから、心には葛藤が残り続けてしまう。

・非常に上品。格式高い印象を周囲の人に与える。

一言で王の性質を言うなら、『品がある』ということ、外見にも清潔感が出やすく、それだけではなく、知性や教養を感じさせる会話が自然とできたり、マナーなども身につきやすいため、特に目下の人から尊敬のまなざしを向けられたり、目上の人から一目置かれたりしやすいようだね。

・自分の行動に関しては、人々が躊躇しそうな事も構わず行う大胆さもある。

だが、その分自分の行動を棚にあげてしまいやすい。

自分の直感を信じていたり、衝動で動き出す部分がある。「なりふり構わない人」と感じられるかも知れない。

行動力があり決断力も強いタイプでもあるため、「王」という呼び名に相応しいリーダーシップが垣間見えるポイントだ。

倫理的にどう、といった事を物凄く気にするわりに、自分自身は目的のためには非道徳的な手段を含めてなんでも行う部分がある。

そして、そもそもそういう自分の実際の行動と、他人に求めるものの間にある矛盾に気づいていない場合も、「王」には少なくない。

他人を陥れたり嘘をつく事もあるし、ルールを破るといった行動をする場合もある。自分自身が一番嫌っているはずの、「裏切り」すらためらわない場合もある。

だが、やはり悪気があってそういう事をする事は少ないようだ。あくまで何かしらのしっかりした目的を遂行しようと、一生懸命なだけだ。

普段周囲に厳しいだけに、結果的に自分の行動は棚に上げるタイプという形になってしまうみたいだが・・・。

・非常に甘え上手で、他人をうまく使うことができる

「王」は無自覚にも甘え上手な部分があるが、これも優秀なリーダーとして重要な要素になっていると考えられるね。

もしも「王」が、一見ワガママな言動をしたり、無茶なオファーをしたとしても、カリスマ性によるものだろうが、周囲の人間はなんとなくその大胆な行動に感心したり、リーダー性を感じて、納得してしまうようだ。

だが、面白いことに、ほとんどの「王」の人はこの点にも無自覚で、自分はむしろ甘えるのが下手だとか、甘え方が分からないという感覚を持っているようだ。

・実は、依存の傾向は商人と並んで表層中トップ2。だが、身を滅ぼすような依存の仕方はしない。

依存しやすくて、自分1人ではうまく生きていけない部分が強い。まさに家臣や民がいる事ではじめて「王」になれるといったイメージだ。

だが、同じように依存が強い「商人」などと比較すると、やたら人に尽くすわけでも無く、自分を主体として大事にする感覚が常にあるし、人を利用する、というようなドライな視点も持ち合わせているため、依存しすぎて生きづらい、というような状態には陥りにくい。

・非常に優れた経営者、リーダーであり、物事を大きな視点で見て、うまく人を使うことができる。

「旅人」と似ていて、極めて広い視野で大局を見て行動できる。「旅人」と比較するとかなり野心も強い方だし、人を使うのも、納得させるのも上手い。

真面目さと品のある行動は人々の信頼を勝ち取り、適度な自分勝手さは、大胆な行動力を生む。そうして、この人は何かやってくれるのではないだろうか、という期待を周囲に持たせるため、そのカリスマ性は高く評価される。

こういった点を踏まえても分かるように、「王」は天性のリーダーなのだ。

・家庭や社会においても独裁的になりすぎてしまう傾向があるため、夫婦関係や子育てで注意をしたい。

いわゆる亭主関白や、カカア天下になってしまったり、コントロールの強い親になってしまうパターンが非常に多くみられるようだ。

ここも「王」本人に悪気はなく、伴侶や子供に最大限尽くしているつもりだから、彼らが嫌がったり抵抗してきても理解できず、対立してしまいやすい。

・人任せになりやすい部分がある。仕事においても、言われたら動くと言うような、受け身タイプ。

いわゆる指示待ち人間になりやすい。

基本的に人に対しての甘え方や依存の仕方が器用で、人を扱うことに長けている為、反対に使われる側、雇われる側になった時には、自発的な行動がなかなか生まれなかったりするようだ。

それどころか、指示がないと動けなかったり、質問をしなかったり、自分から指示を求めることをしなかったりと、かなり受け身な態度になってしまいやすいようだね。

・実は表層の中ではかなり人間関係が苦手な方。周りをイエスマンで固めたがる。

基本的に頑張らないと付き合えないような相手だったり、面倒な相手を避けようとするところがある。

どちらかというと、自分を慕ってくれる人だったり、それこそうまく甘やかしてくれる人や、わがままを聞いてくれる人を選んで付き合う傾向にある。

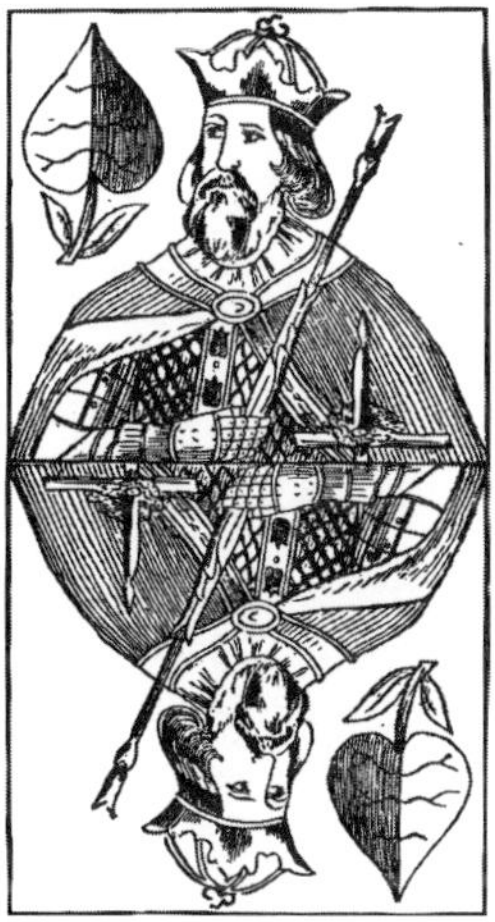

直接的に他人と関わらず、限定的な人とだけ関わって職務を遂行できるようなタイプの業種の経営者とか、分野にもよるが、商品の仲介ディーラーなどが楽な仕事かも知れない。

人に会う機会が少ない、その大部分を1人で遂行できる業務や、一人でトップに立つようなビジネスが向いているね。

・司祭以上のネガティブであり、表層中では最も悲観的に物事を捉えてしまう。

あらゆることを最悪の場合を基準に考えてしまう癖がある。これは、生活や仕事においてはリスクをよく捉えられる現実的で知的な要素とも言えるが、極端な時は被害妄想としか思えないような想像をしてしまう。

普段が大胆だったり、ストレートな分、調子が悪い時は周囲に鬱屈とした人物であると思われてしまいかねないね。

・極めてプライドが高く、自尊心が傷つけられたと感じるとその相手を生涯許さないと言うほどに恨む。

実際、「王」の人は、そもそも馬鹿にされたと感じやすい。これは前述したネガティブさが影響していると思われるが、会話の相手が「王」を傷つけるつもりが無くても、相手の言葉や振る舞いを深読みして傷ついてしまう。

しかも、そういった行為は、王が大嫌いな非道徳的な行為だったり、「裏切り」に当たると感じるようで、一度恨むとずっと引きずってしまうことも少なくない。

・王はお金に関して極めて強いつながりを持っている。

これは、あらゆる表層の中でも「王」にしかない特徴だ。「王」どんな貯金の仕方をしようが、どんな稼ぎ方をしようが、どんな使い方をしようが、必ずお金との間に縁があるそうだ。

王にとって経済面の成長で重要なのは、稼ぐ事にも使うことにも躊躇せず、お金との繋がりを信じて安心感を持つこと。そして、お金を求める事だけだ。

あとがき

それでは、今回のあとがきとして、世界でも未だ数少ない、コンスタンス仮説の専門家たちの声を聞いてみよう。

彼らはコンスタンス仮説を利用したセッションやセラピー、セミナー、執筆活動を通じて、世界と人々に影響を与え続けている。

そんな彼らが、表層を学ぶ事の重要性と、それがいかにあなたの人生を変化させるか、つまり、この本を読む事があなたの人生をどう良くしていくのかを話してくれている。

是非彼らの言葉を読んで、コンスタンス仮説を知ってからの新しい人生に胸を躍らせて欲しい。

この本の愛読者の皆様は、自分や自分の周りの人々の表層を聞いた時、どのように感じるだろうか？

私は、将軍、役者、政治家、幼子などそれぞれの人の表層名を聞くと、とても楽しくなり、なぜかいつもスキップしたくなる。

それは、その人らしさが分かりやすく見えるだけでなく、その人が何を求め、何に興味があり、何が楽しく何が苦手なのか、特徴的に出ているその人らしさがどれも魅力的で愛おしいからだ。

私は、政治家の酒場であるが、同じ酒場でも、政治家がマスターのバー（酒場）と幼子がマスターのバーは、バーのカラーが全く違う。

お客様は、無邪気に楽しくワイワイしたい時、幼子のバーに魅力を感じるかもしれないし、ビジネスの話を会員制のクラブのような、静かで知的な雰囲気で話したい時、政治家のバーに魅力を感じるかもしれない。

そのように、表層が違うと表に出やすい特徴はかなり違う。

表層は、自分が生まれながらに持っている気質であり、その人を形成する土台である。

もし表層らしさが出てないならば、先ずはその魅力を、自分事としてあるがままに認めてみよう。

表層を学び自分の長所、短所、適職が分かると、成功者になるための自分の土台が完成する。

表層を発揮できると、表層に特徴的な症状を予防でき、自分の健康を守ることもできる。

その土台があってこそ、天命の開花はしやすくなり、成功は、その土台の上に乗ってくるのである。

表層を学ぶ大切さ、それは、あなたが本来のあなたで成功者の道を進むための、揺るぎない安心パスポートを手にすることである。

コンスタンス仮説研究協会　杉山智子

コンスタンス仮説での表層を聞いた時、「あぁだから自分はこうだったのか」と感じる。

感じるだけではない。自分の性格を客観的に知る。自分自身をはっきりと自覚する。

例えば、これから職業を選択するとき。
例えば、人間関係を構築していくとき。
例えば、家族を理解するとき。
非常に役に立つ。

自分自身がどんな性格なのか。
どんな素質があるのか。
どんなところに得意なことがあるのか。
どんなところに苦手があるのか。

表層を知ったとき、自分自身を理解する。
まずは知識として。

知識として理解した後で、徐々に体感していく。

自分が【幼子】だから、みんなといる時にこういう立ち位置にいるのかとか。

自分が【政治家】だから、周りの人を常にジャッジしてみているのかとか。

自分が【学者】だから、物事を分析的に見ているのかとか。

だんだんと体感を通して、自分を理解していくことができる。

それぞれの癖は、無意識に起こっている。

だからこそ、コンスタンス仮説によって客観的に無意識を知る必要がある。

無意識を知ると、どうすればよいかが見えてくる。

得意なことをより意識して得意に。

苦手なことは、それをカバーする方法もある。

ただなんとなく生きてきた人生のコントローラーを自分自身が握っている感覚をつかめるようになる。


自分の人生のプレイヤーとしてしっかりと生きることができるのだ。

コンスタンス仮説研究協会　山下　大地

表層、それは、自然に出やすい特性。性格の長所であったり、短所であったりするもの。

面白いくらいに表に出ている部分。

私は表層の商人を知って、とても安心した。
それは、今まで自分の悩んでいた事が、それでよかったと知ったからだ。それこそが強みと知ったから。

表層ではあなたの特性はこれで、こうすると上手くいくということがわかる。
あなたのダメと思う部分が実は強みだと気付くことが多いでしょう。

特性が出やすい分、それを知ってすぐに活かすことが出来るのが表層である。

今までダメと思っていた部分が強みになる。

ですが、表層を知らずにいると、ただの一つの短所。

表層を知ることは、すぐにビジネスや対人関係、夫婦関係、あらゆる問題解決にも使えるので、自分自身はもちろん、相手の特性を掴み、こちら側で楽に相手をコントロールするのにも重要な必須アイテムとなります。

あなたは、どっちがいいですか？

コンスタンス仮説研究協会　山川有紀子

コンスタンス仮説という統計学は大きく分けると5つの項目に別れて個人の特性を分析することができる。

その中で1番身近でわかりやすいものが【表層】である。

血液型でいえば4種類の分類、星占いでいえば星座別での性格や傾向というような感じである。

コンスタンス仮説から知ることのできる私の【表層】である【将軍】は意図しようがしまいが自然とリーダー的存在となっている特性だとある。

私の過去を振り返ってみて『はて?これは当てはまるのか?』と思ったことがとても印象に残っている。

私が自分を知る限りリーダー的存在にいることは極力避けてきたことだからだ。

コンスタンス仮説、創始者である坂口烈緒氏はおっしゃる。

リーダーというものは、ただリーダーシップをとって皆をグイグイと引っ張っていくだけではないと。

狭い自分の概念ではなくもっと幅広い見方も教えていただいた。

その中でなるほど！これならやってたかも！！
と思えるものが見えてきた。

また自分にとっては欠点として捉えていた部分を
今まではできない、うまくいかない自分を責めていたところが、実はその中から見える長所も
あることを知ることができた。

これは恐らくほとんどの方に当てはまる部分ではないかと思う。

シンプルだけど、こんなことで？と思われるようなこの部分、実は私たちが心地よく毎日を
過ごせる為には1番大事なことだと思う。

いまいちど、ご自分をみつめなおして、優しく
抱き締めてあげてほしいと思う。

これはまだ5種類の項目の中のまだひとつめの【表層】のお話である。

この【表層】だけでもここまでわかる奥の深い統計学ということが理解していただけるのではないかと思う。

コンスタンス仮説研究協会　ウエズミケイコ

自分自身のことは知っているようで
実はよく分かっていないという方が多いのではないでしょうか?

コンスタンス仮説の『表層』は、自分でも自覚しやすく他者からも理解しやすい、その方の表面的に現れる才能や欠点など、生まれながらに持っている気質を表します。

その特質は統計的に分析したものであり、

コンスタンス仮説の『表層』を知った方からは

『これからどんな自分になっていけるのか自分自身を深く知ることができました』

『あまりにも特性が当てはまってびっくりです』という声もよく聞きます！

そして、何となく知っていた特性が深く知れば知るほど確信となり、自分自身に自信が持てるようになります。

『自分はこの特性で生きていていいんだ！』と表層で生きることの喜びを実感するようになります。

そして欠点ですら受け止めて自分自身を愛せるように進化していることに気づきます！
ただ特性を知って生きているだけで、自ずと気づきと変化がやって来るのです。

自分が自分自身を知ることの大切さを知り
世界が広がっていきます。
『表層』は奥深いコンスタンス仮説のほんのスタートに過ぎませんが、知っているのと知らないのとでは、その後の人生が大きく変わっていくことでしょう。

コンスタンス仮説研究協会　木村由香子

「どうして自分はこうなんだ。」
自分の能力のなさや、上手くいかないときに攻めてしまうことがあります。

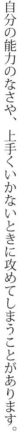

しかし、それが得意ではないと知っていれば、もっと上手くいく方法があるなら、気もちが楽になるはずです。

コンスタンス仮説の表層を知れば、自分の得手不得手を知れます。

できないところばかりを見て、動けなくなるのは勿体ないです。できるところがあるのに。

表層は、自分のもつ魅力を教えてくれるのです。

表層は、物語の登場人物のように、イメージで覚えられます。

王なのだから人に頼って、自分を輝かせていい。

幼子だから好奇心いっぱいだし、純粋に物事を見られる。

表層を知れば、物語の人物になった気もちで過ごせます。
それだけでワクワクしてきます。

人生を彩る自分のテーマは何か、それを知れば生き方が変わります。
もう、能力のなさや上手くいかないことを攻めることはなくなります。
できない理由を考えていた自分が、できる理由を探すようになる。
自然と足取りは軽やかになるでしょう。

本屋さんには成功法が書かれた書籍が数多く並んでいます。
でも、その中から自分に合う本がすぐに見つかるでしょうか。
成功法だと信じて動いたのに、成功しなかったらどうでしょう。

コンスタンス仮説、これは自分に合う成功法を導き出す統計学です。
受けとる愛、健やかな身体、豊かな経済力

幸せまでの道のりが、歩きやすくなります。

表層は、
「これが自分だったんだ！」と教えてくれます。

コンスタンス仮説研究協会　金大吾

著者紹介

コンスタンス仮説研究協会
代表　坂口烈緒
杉山智子
若林三都子
山下　大地
山川有紀子
ウエズミケイコ
木村由香子
金大吾

筆者代表・坂口烈緒　プロフィール

スリランカで３００年以上もの長い歴史を持つ老舗の宝石商一族の9代目を継承。

幼少の頃より一族の英才教育を受け、脳科学、哲学、人格心理学、認知心理学、社会心理学、行動心理学など数多くの学問を習得。

世界に有資格者が数十名しかおらず、習得には長い年月がかかるといわれる精神分析手法の技術と資格を20歳で習得。

またわずか16歳で、これらの知識と自らの一族から継承された様々な知識を統合させ、カウンセラーとしての活動を開始。

食生心理などの新時代の学問の開発から、コンスタンス仮説のような古代の叡智の復興まで、時代の枠にとらわれない活躍を見せている。

～支配者たちの統計学～

「コンスタンス仮説」

【表層編】

発行日　2022年7月5日　初版第1刷発行
著　者　コンスタンス仮説研究協会
発売元　株式会社 星雲社（共同出版社・流通責任出版社）
〒112-0005
東京都文京区水道1-3-30
TEL03-3868-3275　FAX03-3868-6588
発行所　銀河書籍
〒590-0965
大阪府堺市堺区南旅篭町東4-1-1
TEL 072-350-3866　FAX 072-350-3083
印刷所　有限会社ニシダ印刷製本

ISBN978-4-434-30600-6　C0011